PISAR LA TIERRA CON LIBERTAD

HENRY D. THOREAU

PISAR LA TIERRA CON LIBERTAD

Textos seleccionados

Prólogo de Toni Montesinos

Traducción de Pablo Hermida

PAIDÓS Inmortales

Título original: *Pisar la tierra con libertad*, de Henry David Thoreau
Esta edición comprende las obras *Civil Disobedience*, *Walking* y *Walden*
(fragmentos de «Economy», «Where I Lived, and What I Lived For»
y fragmentos de «Conclusion») de Henry David Thoreau.

1.ª edición, enero de 2026

Paidós es un sello editorial de Editorial Planeta, S. A.
Avda. Diagonal, 662-664
08034 Barcelona, España
www.paidos.com
www.planetadelibros.com

ISBN: 978-84-493-4470-1
Composición: Realización Planeta
Depósito legal: B. 22.536-2025
Impresión y encuadernación en Huertas Industrias Gráficas, S. A.

Impreso en España – *Printed in Spain*

SUMARIO

NOTA A LA EDICIÓN

Henry David Thoreau es, aún hoy, un referente imprescindible para quienes buscan formas de vida más coherentes, más libres, menos alienadas. Clásico incómodo, su pensamiento sigue interpelándonos con fuerza por su defensa radical de la conciencia individual, su amor por la naturaleza y su rechazo frontal a las injusticias. Leerlo es escuchar a alguien que no acepta la sociedad tal como es, y que convierte la rebeldía tranquila en una forma de estar en el mundo.

Filósofo, naturalista, escritor y, sobre todo, inconformista, Thoreau nació en Concord (Massachusetts) en 1817 y estudió en Harvard, aunque pronto dejó claro que lo suyo no era la vida académica, ni tampoco la vida comercial ni política tal como su tiempo las concebía. Más bien, su vocación fue otra: la de ser un testigo lúcido y radicalmente honesto que se aparta para observar mejor y escribe para remover conciencias. Figura central del trascendentalismo estadounidense, estuvo profundamente influido por su amistad con Ralph Waldo Emerson, con quien compartió la idea de que la verdad se encuentra en la experiencia directa con la naturaleza y en la vida sencilla, no en los dogmas ni en las instituciones. Pero Thoreau fue más allá: donde Emerson reflexionaba, él experimentaba.

Ese impulso le llevó a retirarse durante dos años, dos meses y dos días a una cabaña construida por él mismo junto al lago Walden, a las afueras de Concord, en un terreno propiedad de su amigo Emerson. De esa experiencia nacería *Walden o la vida en los bosques*, un libro inclasificable —diario personal, tratado filosófico, poema a la autosuficiencia— en el que nos propone una vida más atenta, menos dependiente del consumo y más en sintonía con los ritmos de la naturaleza. Su retiro no fue una evasión, sino una declaración de principios: «Fui a los bosques porque deseaba vivir deliberadamente», escribe. Y con ello formula una consigna vital que sigue teniendo sentido en nuestra acelerada época.

Pero Thoreau no se limitó a la contemplación bucólica. En 1846 se negó a pagar el impuesto que financiaba la guerra de Estados Unidos contra México y la expansión de la esclavitud, lo que le llevó brevemente a la cárcel. De ahí nacería *Desobediencia civil*, un breve ensayo que ha influido profundamente en movimientos de resistencia pacífica en todo el mundo. Gandhi, Martin Luther King y tantos otros encontrarán en sus palabras una guía moral: la idea de que el individuo tiene el deber de desobedecer las leyes injustas y no colaborar con gobiernos inmorales, aunque ello implique sacrificio personal.

Naturalista riguroso, Thoreau dedicó buena parte de

su vida a observar la flora y la fauna de su entorno con una mezcla de rigor científico y sensibilidad poética. Anotaba con precisión los ciclos de las estaciones, el comportamiento de los animales y el crecimiento de las plantas. Para él, la naturaleza no era un decorado, sino una maestra silenciosa. Al mismo tiempo, abogaba por abandonar el materialismo y adoptar una forma de vida más consciente, que nos permitiera ser y sentir, eligiendo libremente a qué destinar nuestro tiempo.

Con ese espíritu de atención plena y conexión con lo esencial escribió *Caminar*, un ensayo en forma de diario donde expuso la filosofía del caminar: un modo de conocimiento y liberación interior. En él insta a explorar los lugares más remotos, pisar caminos y bosques para despejar la mente y reencontrarse con uno mismo. Thoreau afirma: «Sobre todo, no podemos permitirnos el lujo de no vivir en el presente». En un momento en que ni siquiera se hablaba de mindfulness, ya instaba a poner la mirada y la atención en el aquí y el ahora. Sus diarios, en gran parte inéditos en vida, revelan a un escritor de una claridad y sensibilidad excepcionales.

Murió joven, a los cuarenta y cuatro años, a causa de la tuberculosis. En sus últimos días, cuando un familiar le preguntó si ya había hecho las paces con Dios, respondió con ironía: «No sabía que estuviéramos peleados». Hasta el final, mantuvo esa mezcla de ironía serena y convicción firme que caracteriza su pensamiento.

Este volumen —breve pero representativo— reúne tres de sus textos fundamentales: *Desobediencia civil*, *Caminar* y una selección de fragmentos de *Walden*, centrados en la vida deliberada, la autosuficiencia y la crítica a las convenciones sociales. En conjunto, forman un itinerario coherente por el corazón de su pensamiento: una invitación a resistir, a observar, a caminar sin prisa y a vivir, en definitiva, de otra manera.

PRÓLOGO
EL PENSADOR POR ANTONOMASIA DEL SIGLO XXI

por Toni Montesinos

A unos veinticinco kilómetros al oeste de Boston se halla el pueblo de Concord, que durante varias décadas del siglo XIX se convirtió en un referente para la intelectualidad de los Estados Unidos. En esa localidad nació, el 12 de julio de 1817, Henry David Thoreau, autor de libros de género inclasificable por su mezcla de crónica viajera, observación naturalista y reflexión literaria. Entre ellos, *Walden* (1854).

Fue en los bosques colindantes de esta villa del estado de Massachusetts donde Thoreau se construyó una casa para llevar a cabo su experimento: vivir frente a la laguna de Walden durante dos años, dos meses y dos días (de 1845 a 1847), con el fin de entrenar los «sentidos»; con ello captó, de forma voluntariamente intuitiva —la intuición constituyó para él la «sabiduría primigenia»—, lo que la naturaleza podía enseñarle para después trasladarlo a unas páginas en las que habla de la flora, de la fauna, del entorno y de sus vivencias allí, pero también del trabajo y el ocio, la educación, el amor, la amistad…

Para él, la mirada obsesiva hacia el dinero y el alejamiento de la naturaleza dificultan el verdadero progreso: conocerse y vivir asumiendo la realidad tanto como criticándola. Por ello lanza esta inolvidable idea que merece ser releída en cada despertar: «Por mediocre que sea vuestra vida, aceptadla y vividla; no la esquivéis ni la denostéis. No es tan mala como vosotros. Parece más pobre cuando más ricos sois. Quien a todo le saca punta encontrará faltas incluso en el paraíso. Amad vuestra vida por pobre que sea. Tal vez tengáis una hora grata, conmovedora, gloriosa, incluso en un asilo».*

Sin embargo, hay quien se levanta y no está despierto, no sabe dónde está en realidad. Thoreau llama *dormidos* a todos aquellos que piensan que saben algo, que todo está en orden y, consecuentemente, siguen en la oscuridad pese a que ya haya amanecido. El sol no sale para ellos; en el caso de *Walden*, concretado en las gentes de Nueva Inglaterra, que viven una vida mezquina al quedarse en la superficie de las cosas, sin entender que el día a día trae consigo un pequeño gran milagro que hay que aprovechar, y no precisamente en torno a labores productivas de cara a la sociedad.

¡Despierta!, le dice por carta a un amigo, Harrison G. O. Blake, jugando con la rima fácil con su apellido: «Blake! Blake! Are you awake?», ¿está despierto? «¿Se da cuenta de lo gloriosa que es la mañana, de la irrepetible y esperada oportunidad que se les ofrece ahora de conseguir vida y sabiduría?».† No basta con despertarse; hay que seguir des-

* Thoreau, *Walden*, ed. y trad. Javier Alcoriza y Antonio Lastra, Cátedra, Madrid, 2005, pág. 351.

† Thoreau, *Cartas a un buscador de sí mismo*, trad. Antonio García Maldonado, Errata Naturae, Madrid, 2012, pág. 118.

piertos durante el día; solo así es posible darnos cuenta de que la naturaleza nos está felicitando y de que estamos bendecidos, de que la mayor de las ganancias nos está esperando y no es la que piensan los demás. Sí, hablamos de aspirar a una «realidad más elevada», dice en *Walden*, dentro de su «Conclusión»: «Solo amanece el día para el que estamos despiertos».* Tener conciencia de ello nos acercará a la sabiduría, sin estar a merced de la alternancia de sombras y luces que muestra nuestro estado anímico.

La voz de Thoreau resuena continuamente en nosotros porque cuando habla de la vida en todos sus órdenes está hablando de nuestra vida actual, y sus consejos y críticas son vigentes, necesarios. Además, son un tipo de recomendaciones de carácter pragmático, al alcance, de una filosofía del arte de vivir. A este respecto es celebérrimo este fragmento del capítulo «Dónde vivía y para qué», de *Walden*: «Fui a los bosques porque deseaba vivir deliberadamente, afrontar solo los hechos esenciales de la vida y ver si lograba aprender lo que esta tenía que enseñarme, y no, llegado el momento de mi muerte, descubrir que no había vivido».†

Es lo mismo que el señor Keating, el bienhumorado personaje interpretado por Robin Williams en la película *El club de los poetas muertos*, les recita a sus alumnos para recordarles las sesiones poéticas en su juventud entre compañeros de colegio; lo mismo que verá el visitante de Concord siguiendo un sinuoso sendero al borde de la laguna, cuando llegue a la parte de bosque donde vivió Thoreau y

* Thoreau, «Walden (1854). Textos seleccionados», en *Pisar la tierra con libertad*, trad. Pablo Hermida, Paidós, Barcelona, 2026, pág. 89.

† Thoreau, «Walden (1854). Textos seleccionados», en *Pisar la tierra con libertad*, o. cit., pág. 76.

se encuentre con esas mismas palabras, escritas en un poste de madera clavado en la tierra.

Fue al final del primer verano allí cuando se le detuvo y encarceló (en julio de 1846) en la que es una de las condenas más breves y célebres de la historia. De camino a recoger un zapato del remendón, Thoreau se encontró con un recaudador de impuestos que le reclamó un pago y, al negarse —por no haber «reconocido la autoridad del estado que compra y vende hombres, mujeres y niños como ganado a las puertas de la cámara del senado»—, acabó pasando la noche en una celda. Se trató del castigo más dulce en los anales del ámbito penitenciario: colocar a un pensador, infinitamente libre por dentro, en un lugar donde se priva de libertad. El contraste entre lo que significaba la detención en sí y el hecho de que llevaba ya un año en el bosque frente a la laguna le inspiraría esta reflexión: «Había venido a los bosques con otros propósitos. Pero, dondequiera que vaya un hombre, los hombres le seguirán y sobarán con sus sórdidas instituciones y, si pueden, le forzarán a pertenecer a su desesperada sociedad filantrópica».*

En un estado semejante, ¿cómo reaccionar?; ¿discutiendo y resistiéndose a acatar la orden, incluso violentamente, o dejándose prender en paz absoluta? «Es cierto que podría haberme resistido por la fuerza con mayor o menor éxito, podría haberme vuelto "loco" contra la sociedad; pero prefería que la sociedad se volviera "loca" contra mí, pues ella era la parte desesperada»,† escribe. Sin em-

* Thoreau, *Walden*, o. cit., pág. 211.

† Thoreau, *Walden*, o. cit., págs. 211-212.

bargo, fue liberado al día siguiente, recogió su zapato y volvió a los bosques. Como si no hubiera pasado absolutamente nada. Así era la serenidad, la autoconfianza de Thoreau.

Como no podía ser de otra manera, semejante experiencia constituyó para Thoreau la oportunidad de redoblar sus ataques al gobierno estadounidense y al sistema injusto y desigual en el que vivía una sociedad que tenía esclavos; «y mientras examinaba las paredes de piedra maciza, de sesenta a noventa centímetros de espesor, la puerta de madera y hierro de treinta centímetros de grosor y las rejas de hierro por donde se filtraba la luz, no pude por menos que sorprenderme de la estupidez de aquella institución que me trataba como si no fuese más que carne, sangre y huesos destinados a la reclusión»,* escribió en «Desobediencia civil». No había de qué preocuparse, sino observar y pensar hasta alcanzar una relajada visión de lo que le estaba sucediendo: «Ni un solo momento me sentí confinado, y las paredes me parecían un gran desperdicio de piedra y mortero».† Unos muros que eran mucho más anchos y duros para aquellos ciudadanos que no podían ver que, fuera, en plena libertad y considerando el tipo de vida que llevaban, no podrían jamás ser tan libres como lo fue Thoreau aquel día en la cárcel.

Más de ciento cincuenta años han transcurrido desde el último aliento de este hombre que no pudo ver la abolición de la esclavitud en 1865; casi ciento ochenta años des-

* Thoreau, «Desobediencia civil (1849)», en *Pisar la tierra con libertad*, o. cit., pág. 39.

† Thoreau, «Desobediencia civil (1849)», en *Pisar la tierra con libertad*, o. cit., pág. 39.

de que se graduó en Harvard y empezó un diario que se publicaría en dieciséis tomos en 1906... Cómo ver ahora, pasado todo este tiempo, a Thoreau en el hoy, cuando al desobediente las leyes lo estrangulan hasta marginarlo y silenciarlo, cuando entrar en esa universidad de Cambridge implica tener un poder adquisitivo privilegiado; él, que prefería andar una semana hasta llegar a su destino que trabajar para ganar el dinero suficiente con el que pagar ese recorrido en tren.

¿Habría sido Thoreau la misma persona de haber nacido en, por ejemplo, la incipiente Manhattan, ciudad que por cierto detestaba? Sin duda, resulta imposible no relacionar Concord y su laguna y la confianza del escritor y hacedor de lápices, amén de otras curiosas ocupaciones con las que aprendió a ganarse el sustento, con el tempo al que invita ese pueblo a la hora de consagrarse a caminar y observar el entorno natural, siempre con la idea de no hipotecar un mañana con esperanzas furtivas y con la pretensión de «vivir en el presente, lanzarnos con cada ola, encontrar nuestra eternidad en cada momento»,* como escribe en su diario el 24 de abril de 1959.

Tras su larga temporada en la casa, de la que hoy existe una réplica exacta (cama, chimenea, escritorio, tres sillas, todo lo cual le costó 28 dólares, como apunta en el primer capítulo de *Walden*, «Economía») a la entrada del área de la laguna, donde asimismo se erigió una estatua en su honor, tras esos veintiséis meses, el que se definió a sí mismo como «inspector de ventiscas y diluvios» cree más a fondo

* Thoreau, *Escribir (una antología)*, ed. Javier Alcoriza, Antonio Casado da Rocha y Antonio Lastra, Pre-Textos, Valencia, 2007, pág. 91.

en eliminar las necesidades autoimpuestas y vivir libre, cual «hijo de la niebla» (expresión tomada de su texto «Caminar»).

Con estas premisas a la hora de encarar cada nuevo día, Thoreau nos invita a ver que es posible lograr algo valioso partiendo de unos valores bien asentados. Y eso implica cuestionar la sociedad, la educación, la política, el arte, absolutamente todo: verse distinto para ver distinto lo demás; crear una vida nueva por fuera y por dentro. Sabe perfectamente que la paz interior reside en la búsqueda de los principios, como dijo su vecino Ralph Waldo Emerson, con quien coincidió en advertir la pobreza mental de sus conciudadanos quejicas, consumistas, sumisos ante el poder o el aborregamiento religioso.

Así, a la pregunta de cómo hay que vivir, que subyace a lo largo de la obra y la actitud de Thoreau, la respuesta sería: con sencillez, con sinceridad, congratulándose por las cosas ligeras que proporciona el entorno. De modo que los hombres le decepcionarán y buscará en la soledad de la naturaleza el alivio y la placidez. En un lugar solitario, la vida se simplifica. No existen los deseos, por los que tiene una indiferencia absoluta, ni tampoco un particular afán por adquirir conocimientos de la manera tradicional, de ahí que defienda en «Caminar» la opción de una «Ignorancia Útil, a la que llamaremos Conocimiento Bello»;* no con el ánimo de privilegiar la ignorancia, sino más bien para desenmascarar pedanterías y demás vanidades que consideren útil esa «pretendida sabiduría» que, afirma sin

* Thoreau, «Caminar (1862)», en *Pisar la tierra con libertad*, o. cit., pág. 129.

tapujos ni matices, muchas veces es tan desagradable como inútil.

Y es que la búsqueda del saber en Thoreau es intermitente, como él mismo reconoce, pero su curiosidad, constante. «Lo más elevado que podemos alcanzar no es el conocimiento, sino la empatía con inteligencia».* ¿No es eso lo preferible?, ¿que la actitud de querer conocer, la aptitud para adaptarse y evolucionar, estén más latentes que el mero hecho de almacenar saberes? Emerson prorrumpirá en estrados y ensayos señalando a la sociedad ignorante e indicando el tesoro que representa el ejercicio de la lectura para lograr, a partir del autodidactismo potencial que proyecta la página escrita, la independencia intelectual. Thoreau, en cambio, apenas disfrutará del aplauso de las intervenciones públicas, y colaborará en un pequeño periódico cuyo editor casi ni le publicaba sus escritos.

Su existencia y su camino, su destino, están en otra parte, en el constante movimiento del cuerpo y en el análisis de lo que le rodea. Por eso, en el libro dedicado a su travesía por los ríos Concord y Merrimack, viajando con su hermano en la barca que llamaron Musketaquid, explica cómo enfrentarse con la debida paciencia a escalar montañas difíciles mientras observa que hasta la gente de campo magnifica las dificultades que la naturaleza impone al caminante de los bosques, y añade la siguiente reflexión: «Como en la mayoría de males, la dificultad es imaginaria: ¿qué prisa hay? Si una persona perdida llegase a la conclusión de que, a fin de cuentas, no está perdida, de que no se

* Thoreau, «Caminar (1862)», en *Pisar la tierra con libertad*, o. cit., pág. 130.

ha alejado de sí misma, sino que se encuentra justo en el lugar en el que está, y que por ahora vivirá ahí; si cree que los lugares que lo han conocido son los que están perdidos, ¡cuánta inquietud y cuánto peligro se desvanecerían de un plumazo!». Y entonces viene el aforismo que daría sentido a su vida entera: «No estoy solo si estoy conmigo mismo».*

De ahí se desprende que nuestros males y dificultades son imaginarios: no existirían si tuviéramos una vida mucho más simple, pues a quien mira hacia la naturaleza ni siquiera le abordará la tristeza. El hombre de verdadero genio transita otros caminos, porque ni se vende ni se acomoda.

Thoreau nos envía continuamente estos mensajes que tienen que ver con edificar nuestra alma. Y el alma no necesita dinero. Para ejemplificarlo, habla de asuntos que se tratan siempre de manera positiva, pero que son irreales para el espíritu: al hablar de la fiebre del oro, dice que no hay mucha diferencia con ir a un casino de San Francisco, y que más vale trazar una galería hacia uno mismo, trabajar la mina interior que nos aleje de la idea de que la vida se reduce a lo crematístico. La posesión te poseerá a ti, del mismo modo que el ferrocarril te monta a ti y no tú al ferrocarril, pues te haces dependiente de cosas que te alejan de lo importante.

Y lo importante es vivir libre, aunque vea que a su alrededor nadie sabe hacerlo. Ser libre para Thoreau es ser dueño de tu propia vida, y por eso él va a rechazar a los

* Thoreau, *Musketaquid*, trad. Miguel Ros González, Errata Naturae, Madrid, 2014, pág. 175.

políticos que le obligan a pagar impuestos injustos o son mentirosos, inhumanos e hipócritas. Un gobierno es un órgano que actúa como un medio para que el pueblo ejecute su voluntad, pero el ciudadano se lava las manos para que decidan por él, lo que implica para el escritor cuestionar el concepto de democracia, hasta el punto de afirmar que el mejor gobierno es el que menos gobierna y que este debería ser un mero instrumento para la paz, nada más. Tenemos que ser seres humanos antes que ciudadanos, nos dice, y una vida sencilla y sin hacer caso a las convenciones es la llave para vernos de otra forma.

Esta mirada significará posicionarse también en contra de la prensa, a la que Thoreau desprecia por no rechazar las medidas esclavistas o por comer de su amo el poder, y critica asimismo esa necesidad nuestra de noticias, que no pasan de ser un entretenimiento y un chismorreo, dado que las verdaderas noticias están por la mañana y por la tarde, al pasear o al observar, al sentir la vida. Él no es católico, pero, al igual que Emerson, cree que, fundamentalmente, somos cristianos en el sentido de ser personas con la facultad de amar. Por este motivo denuncia lo lejos que están las iglesias y los predicadores, tan cobardes, de las verdaderas lecciones de los Evangelios. La primera de todas, claro, es la bondad. Pero es una bondad que se aleja de la blandenguería, puesto que hay que ser bueno para algo, aunque sin incurrir en alabar la filantropía. De hecho habla irónicamente de aquellos que dan el diez por ciento de sus ingresos para ayudar al pobre, cuando lo que deberían hacer es dar el noventa y nueve y solucionar el problema.

Realmente solo hay una senda que tomar: el triunfo de los principios personales tiene que venir antes que el de la sociedad. Y esto pasa por tener fe en uno mismo y no en los adelantos técnicos, ya que la naturaleza siempre dará más satisfacciones que la ciencia y la tecnología. El verdadero progreso es la conducta auténtica, estar en paz. Dice: «Nuestras invenciones suelen ser hermosos juguetes que distraen la atención de las cosas serias. No son sino medios mejorados para un fin no mejorado, un fin que resultaba demasiado fácil alcanzar, como el ferrocarril que lleva a Boston o Nueva York». Y lo completa con una frase contundente, que cala hondo en nuestro hiperconectado y globalizado hoy: «Tenemos mucha prisa para construir un telégrafo magnético desde Maine hasta Texas, pero puede ser que Maine y Texas no tengan nada importante que comunicar».*

Con esta ansia de noticias, de buscar comodidades tecnológicas, de descansar todo en el consumo y la busca del dinero, el ser humano está muy lejos de elevarse, de trascenderse. Así, Thoreau nos está retratando como sociedad, poniéndonos un espejo para preguntarnos: ¿queremos ser lo que vemos? Esta humanidad sin sustancia verdadera, monótona, previsible, que tan pronto vive de las apariencias como ora en el altar de la especulación para conseguir bienes materiales, se convierte en obstáculo de sí misma: «Que los hombres sigan con autenticidad el camino que les indica su naturaleza y cultiven sus sentimientos morales, viviendo vidas independientes y virtuosas; que hagan de las riquezas medios para la existencia, nunca fines»,† advirtió en su discurso de graduación en Harvard College,

* Thoreau, *Walden*, o. cit., pág. 105.

† Citado por Javier Alcoriza, en su introducción a *Walden*, o. cit., pág. 44.

que tituló «El espíritu comercial de los tiempos modernos, considerando su influencia en el carácter político, moral y literario de una nación».

En realidad, nos viene avisando desde hace más de doscientos años, pero es decisión nuestra que algún día lo escuchemos de verdad y concluyamos que —por qué no—, como ya dijo en aquella alocución, pronunciada nada más cumplir veinte años de edad, el séptimo debería ser el día de labor en que el hombre se gane el pan con el sudor de su frente, y los otros seis, su descanso dominical para el alma y los sentidos.

Emerson, en su discurso fúnebre de Thoreau, muerto de tuberculosis el 6 de mayo de 1862 y enterrado en el cementerio de Sleepy Hollow, en Concord, afirmó: «El país no sabe todavía, ni en lo más mínimo, qué grande es el hijo que ha perdido». ¿Lo supo, lo sabe, lo sabrán alguna vez de verdad los Estados Unidos, el lector hispano o todos cuantos se acerquen a su obra y se expongan a descubrir y comprender la esencia de la vida para evitar decirse, en el instante de su muerte, que no han vivido?

DESOBEDIENCIA CIVIL
(1849)

Acepto de buen grado la consigna «El mejor gobierno es el que menos gobierna»,* y me gustaría verla aplicada de forma más rápida y sistemática. Llevada a cabo, conduce a esta otra, en la que también creo: «El mejor gobierno es el que no gobierna en absoluto». Y cuando los hombres estén preparados para ello, esa será la clase de gobierno que tendrán. El gobierno es, en el mejor de los casos, un mero recurso; pero la mayoría de los gobiernos suelen ser inconvenientes, y todos lo son en ciertas ocasiones. Las objeciones que se han esgrimido contra un ejército permanente —que son numerosas y de peso, y merecen prevalecer— pueden aducirse asimismo en contra de un gobierno permanente. El ejército permanente no es sino un brazo del gobierno establecido. El propio gobierno, que no es

* Referencia al lema de la publicación neoyorquina *United States Magazine and Democratic Review. (N. del T.).*

más que el modo escogido por el pueblo para ejecutar su voluntad, es igualmente susceptible de cometer abusos y perversiones antes de que el pueblo pueda servirse de él. Fijémonos en la actual guerra con México, obra de relativamente pocos individuos que utilizan el gobierno establecido como su herramienta, cuando de entrada el pueblo no habría aceptado esa medida.

Este gobierno estadounidense, ¿qué es sino una tradición, aunque reciente, empeñada en transmitirse intacta a la posteridad, pese a que su integridad va menguando a cada instante? No posee ni la vitalidad ni la fuerza de un solo hombre, pues un solo hombre puede doblegarlo a su voluntad. Es una especie de pistola de madera para el propio pueblo. Ahora bien, no por ello es menos necesario, ya que el pueblo ha de disponer de alguna maquinaria complicada y oír su estruendo a fin de satisfacer esa idea de gobierno que alberga. Los gobiernos muestran de esa guisa cuán exitosamente cabe imponerse a los hombres, o incluso imponerse estos a sí mismos, en su propio beneficio. Esto es excelente, admitámoslo. Sin embargo, este gobierno jamás promovió por sí mismo empresa alguna, si bien se apresuró a desviarse de su camino. No preserva la libertad del país. No consolida el Oeste. No educa. Todos los logros son fruto del carácter inherente al pueblo estadounidense, y habrían sido mayores si el gobierno no se hubiera interpuesto a veces en su camino. Y es que el gobierno es un recurso mediante el cual los hombres conseguirían de buen grado dejarse en paz los unos a los otros; y, como hemos dicho, el más conveniente es el que menos interfiere en la vida de los gobernados. Si el comercio y los negocios no fuesen como de caucho, jamás lograrían saltar los obstáculos que los legisladores no cesan de interponer en su camino; y, si tuviéramos que juzgar a esos hombres exclusivamente por los efectos de sus acciones y no en parte por sus intenciones, merecerían la consideración y el castigo de esos malvados que obstruyen las vías férreas.

Pero, para hablar de manera práctica y como un ciudadano, a diferencia de aquellos que se autodefinen como contrarios a todo gobierno, yo no pido la eliminación fulminante del gobierno, sino la instauración *inmediata* de un gobierno mejor. Que cada hombre manifieste qué tipo de gobierno le inspiraría respeto y habremos dado un paso hacia su consecución.

Después de todo, la razón práctica por la que, cuando el poder está en manos del pueblo, se permite que gobierne una mayoría durante un largo periodo de tiempo no es que esta tenga más probabilidades de acertar ni que la minoría lo considere más justo, sino que son los más fuertes físicamente. Ahora bien, un gobierno en el que la mayoría gobierna en todos los casos no se puede basar en la justicia, ni siquiera tal como la entienden los hombres. ¿No puede existir acaso un gobierno en el que no sea la mayoría quien determine lo que está bien y lo que está mal, sino que lo dicte la conciencia?, ¿en el que la mayoría decida solo aquellos asuntos a los que resulte aplicable la regla de la conveniencia? ¿Debe el ciudadano, siquiera por un momento o en el más mínimo grado, renunciar a su conciencia para someterse a la legislación? ¿Para qué están dotados de conciencia entonces todos los hombres? Creo que primero hemos de ser hombres y después súbditos. No es tan deseable cultivar el respeto por la ley cuanto por la justicia. La única obligación que tengo derecho a asumir es la de hacer en cada momento lo que estimo justo. Se dice con razón que una corporación no tiene conciencia; pero una corporación de hombres concienzudos es una corporación *dotada de* conciencia. La ley nunca ha hecho a los hombres ni un ápice más justos; y, en virtud del respeto que estos le profesan, hasta los bienintencionados se convierten a diario en los agentes de la injusticia. Un resultado común y natural de un respeto indebido por la ley es que podemos ver una fila de soldados (coronel, capitán, cabo, soldados rasos, artificieros) en la que todos marchan en un orden admirable por montes y valles hacia la guerra en contra de su voluntad, de su sentido común y de su conciencia, lo que torna sumamente ardua la marcha y provoca palpitaciones en su corazón. No les cabe la menor duda de que están involucrados en una empresa detestable; todos tienen inclinaciones pacíficas. ¿Qué son entonces? ¿Hombres o fuertes y polvorines móviles al servicio de algún mando sin escrúpulos? Visitad un arsenal naval y observad a un infante de marina, una de esas posibles creaciones de un gobierno estadounidense o de un hombre con malas artes, una mera sombra y reminiscencia de humanidad, un hombre vivo y en pie de quien, sin embargo, cabría decir que ya está enterrado bajo las armas con acompañamientos fúnebres, aunque bien pudiera suceder que:

Llevamos el cadáver del héroe a la trinchera
sin que un tambor se oyese ni un eco funeral,
y allí lo sepultamos, sin que un soldado hiciera
*en solemne descarga sonar su adiós final.**

* «Not a drum was heard, not a funeral note, / As his corse to the ram-

Las masas humanas sirven al estado de esta guisa, no como hombres, sino básicamente como máquinas, con sus cuerpos. Son el ejército permanente y la milicia, los carceleros, los policías, los ayudantes del *sheriff*, etc. En la mayoría de los casos no existe ningún libre ejercicio del juicio ni del sentido moral, sino que se ponen a la altura de la madera, la tierra y la piedra; y tal vez puedan fabricarse hombres de madera que sirvan al mismo propósito. Tales hombres no inspiran más respeto que los hombres de paja o un terrón de tierra. Poseen el mismo valor que los caballos y los perros. Y, sin embargo, se les suele considerar buenos ciudadanos. Otros —como la mayoría de los legisladores, políticos, abogados, ministros y funcionarios— sirven al estado principalmente con sus cabezas; y, como rara vez hacen distinciones morales, es tan probable que sirvan al diablo, sin *pretenderlo*, como a Dios. Unos pocos —como los héroes, los patriotas, los mártires, los reformadores en sentido amplio y *los hombres*— sirven al estado también con sus conciencias, por lo que este suele encontrarse con su resistencia y tratarlos como enemigos. El sabio solo será útil en cuanto hombre, y no se someterá a ser «arcilla» y a «tapar al viento un agujero»,* sino que dejará esa tarea al menos a su polvo:

Soy de estirpe demasiado elevada
para ser gobernado por una voluntad extranjera,

---

part we hurried; / Not a soldier discharged his farewell shot / O'er the grave where our hero we buried». Versos iniciales del poema de 1817 «The Burial of Sir John Moore at Corunna» («El entierro de sir John Moore en Coruña»), de Charles Wolfe. *(N. del T.).*

* W. Shakespeare, *Hamlet*, acto V, escena 1, versos 236-237. *(N. del T.).*

para ser un subalterno sometido a tutela,
un servidor útil o un instrumento
*de no importa qué Estado soberano en el mundo.**

A quien se entrega por entero a sus semejantes, estos lo consideran inútil y egoísta; en cambio, quien se entrega solo en parte es declarado benefactor y filántropo.

¿Cómo ha de comportarse hoy un hombre con este gobierno estadounidense? Respondo que no puede asociarse con él sin deshonra. No puedo ni por un instante reconocer como *mi* gobierno a una organización política que es también el gobierno *de los esclavos.*

Todos los hombres reconocen el derecho a la revolución, es decir, el derecho a negar la lealtad al gobierno y resistirse a él, cuando su tiranía o su ineficiencia son grandes e insoportables. Sin embargo, casi todos dicen que no es este el caso hoy por hoy. En cambio, piensan que sí lo era en la revolución de 1775. Si alguien me dijera que aquel fue un mal gobierno porque gravó ciertas mercancías extranjeras que llegaban a sus puertos, lo más probable es que no le diera mayor importancia, porque puedo prescindir de ellas. Todas las máquinas tienen su fricción, y posiblemente esta genere el bien suficiente para contrarrestar los males. En cualquier caso, es un gran error armar revuelo por ese motivo. Pero cuando la fricción se apodera de la máquina, y la opresión y el robo están organizados, yo soy partidario de deshacernos de esa máquina.

* «I am too high-born to be propertied, / To be a secondary at control, / Or useful serving-man and instrument / To any sovereign state throughout the world». W. Shakespeare, *El rey Juan*, acto V, escena 2, versos 79-82. *(N. del T.).*

En otras palabras, cuando una sexta parte de la población de una nación que se ha comprometido a ser el refugio de la libertad son esclavos, y un país entero es injustamente invadido y conquistado por un ejército extranjero y sometido a la ley militar, creo que ha llegado el momento de que los hombres honestos se rebelen y se subleven. Lo que torna tanto más urgente esta obligación es el hecho de que el país invadido no es el nuestro, sino que nosotros somos el ejército invasor.

Paley, una autoridad reconocida en cuestiones morales, en su capítulo sobre «El deber de sumisión al gobierno civil», resuelve toda obligación civil en conveniencia y procede a aseverar que «en la medida en que lo requiera el interés de la sociedad en su conjunto, esto es, siempre que no sea posible resistirse al gobierno establecido o cambiarlo sin ocasionar trastornos públicos, es la voluntad de Dios [...] que se obedezca al gobierno sin llegar más lejos. Una vez admitido este principio, la justicia de cada caso particular de resistencia se reduce al cálculo de la cantidad de peligro y agravio por un lado y, por el otro, de la probabilidad y el costo de repararlo».* Sobre este asunto, dice, cada hombre juzgará por sí mismo. Sin embargo, Paley no parece haber contemplado nunca aquellos casos a los que no cabe aplicar la regla de la conveniencia, en los que un pueblo o un único individuo ha de hacer justicia, cueste lo que cueste. Si he arrebatado injustamente una tabla a un hombre que se está ahogando, debo devolvérsela aunque sea yo quien se ahogue. Esto, a juicio de Paley,

* William Paley, *The Principles of Moral and Political Philosophy* [Principios de Filosofía Moral y Política], 1785. *(N. del T.).*

sería inconveniente. Pero, en un caso semejante, quien salvara su vida, la perdería.* Este pueblo ha de dejar de tener esclavos y de hacer la guerra a México, aunque le cueste su existencia como pueblo.

En la práctica, las naciones dan la razón a Paley; pero ¿acaso alguien piensa que Massachusetts está haciendo lo correcto en la crisis actual?

Una prostituta de lujo, una puta con vestido de plata,
a la que hay que sostenerle bien alta la cola mientras su alma
[se arrastra por el polvo.†

En términos prácticos, los que se oponen a una reforma en Massachusetts no son cien mil políticos del sur, sino cien mil comerciantes y granjeros de aquí, que están más interesados en el comercio y la agricultura que en la humanidad, y no están preparados para hacer justicia a los esclavos ni a México, *cueste lo que cueste.* No me enfrento a los enemigos remotos, sino a aquellos que, cerca de nosotros, cooperan con ellos y cumplen sus órdenes, y sin los cuales estos últimos serían inofensivos. Estamos acostumbrados a decir que las masas no están preparadas, pero el progreso es lento, porque la minoría no es sustancialmente más sabia ni mejor que la mayoría. Lo más importante no es que la mayoría sea tan buena como tú, sino que exista alguna bondad absoluta en algún lugar, porque esta hará fermen-

* Mateo 10, 39: «El que encuentre su vida, la perderá; y el que pierda su vida por mí, la encontrará». *(N. del T.).*

† «A drab of state, a cloth-o'-silver slut, / To have her train borne up, and her soul Trail in the dirt». Cita de *La tragedia del vengador,* acto IV, escena 4, de Cyril Tourneur, 1607. *(N. del T.).*

tar toda la masa.* Se cuentan por millares las personas que *se declaran* en contra de la esclavitud y de la guerra, pero que, a la hora de la verdad, no hacen nada para ponerles fin; que, si bien se consideran hijas de Washington y de Franklin, se sientan con las manos en los bolsillos, dicen que no saben qué hacer y no hacen nada; que incluso posponen la cuestión de la libertad a la del libre comercio, y leen tranquilamente las listas de precios y las últimas noticias procedentes de México, y tal vez caigan dormidas sobre ambas. ¿Cuál es el precio actual de un hombre honesto y un patriota? Dudan, se lamentan y a veces presentan peticiones; pero no hacen nada en serio ni con efectividad. Aguardan, con buena disposición, a que otros remedien los males para ya no tener que lamentarse. A lo sumo, depositan un simple voto, asienten con timidez y desean buena suerte a la justicia cuando pasa por su lado. Hay novecientos noventa y nueve patronos de la virtud por cada hombre virtuoso. Pero es más fácil tratar con el auténtico poseedor de una cosa que con su guardián temporal.

Toda votación es una especie de juego, como las damas o el *backgammon*, con un leve matiz moral, un juego con lo justo y lo injusto, con las cuestiones morales; y las apuestas le son inherentes. El carácter de los votantes no está en juego. Emito el voto, por ventura, que estimo justo, pero no me comprometo vitalmente con la prevalencia de la justicia. Estoy dispuesto a aceptar la voluntad de la mayoría. Por consiguiente, su obligación nunca excede la de la conveniencia. Ni siquiera votar *por lo justo* supone *hacer* nada por ello. No es más que un modo de expresar con ti-

* Corintios 5, 6: «Un poco de levadura fermenta toda la masa». *(N. del T.)*.

midez a los hombres nuestro deseo de que prevalezca. El sabio no dejará lo justo a merced del azar, ni deseará que prevalezca en virtud del poder de la mayoría. Apenas hay virtud en la acción de las masas. Cuando la mayoría vote al fin la abolición de la esclavitud, será por su indiferencia hacia ella o porque quede poca esclavitud por abolir mediante su voto. *Ellos* serán entonces los únicos esclavos. Solo quien afirme su propia libertad mediante *su* voto podrá acelerar la abolición de la esclavitud.

Me llegan noticias de que se va a celebrar una convención en Baltimore o en algún otro lugar para la selección de un candidato a la presidencia, integrada principalmente por directores de periódicos y políticos profesionales; pero me pregunto qué le importarán a cualquier hombre independiente, inteligente y respetable las decisiones que puedan tomar. ¿No tendremos, no obstante, la ventaja de su sabiduría y honestidad? ¿No podemos contar con algunos votos independientes? ¿No existen acaso muchos individuos en el país que no asisten a las convenciones? Pero no: me encuentro con que el hombre supuestamente respetable ha desertado de inmediato de su puesto y ha perdido la esperanza en su país, cuando su país tiene más motivos para perder las esperanzas en él. Se apresura a aceptar a uno de los candidatos elegidos de esta guisa como el único *disponible,* demostrando así que es él quien se halla *disponible* para los propósitos del demagogo. Su voto no tiene más valor que el de cualquier extranjero sin principios o cualquier nativo mercenario que puedan haber sido comprados. ¡Alabado sea el hombre que es un verdadero hombre y que, como dice mi vecino, no se doblega ante nada ni nadie! Nuestras estadísticas exageran el tamaño de nuestra población. ¿Cuántos *hombres* hay en este país por cada mil kilómetros cuadrados? Apenas uno. ¿No ofrece Estados Unidos ningún incentivo para que los hombres se establezcan aquí? El estadounidense ha quedado reducido a un «tipo raro» (*Odd Fellow*),* que se puede reconocer por el desarrollo de su sentido gregario, una manifiesta ausencia de intelecto y una jovial autosuficiencia, y cuya primera y primordial preocupación en el mundo es ver que los asilos están en buen estado; y que antes se ha puesto su viril atuendo para recaudar fondos a beneficio de las viudas y los huérfanos potenciales; que, en resumidas cuentas, se aventura a vivir solo con la ayuda de la mutua de seguros, que le ha prometido un entierro decente.

Como es natural, ningún hombre tiene la obligación de consagrarse a la erradicación de las injusticias, por enormes que estas sean; puede tener otras preocupaciones legítimas; pero es su deber al menos lavarse las manos y, si no les presta atención, no ha de apoyarlas en la práctica. Si me dedico a otros menesteres y consideraciones, debo asegurarme primero de no pasar por encima de otros hombres. Antes he de dejarles vía libre para que también ellos puedan realizar sus proyectos. Reparemos en la flagrante incoherencia que se tolera. He oído decir a algunos de mis conciudadanos: «Me gustaría que me ordenasen ayudar a sofocar una insurrección de los esclavos o marchar hacia México; ya veríamos si lo hago». Y sin embargo, esos mismos hombres han proporcionado un sustituto, directamente con su lealtad e indirectamente al menos con su

* Thoreau hace aquí un juego de palabras con la Orden Independiente de Odd Fellows, una sociedad secreta internacional de carácter filantrópico y humanitario surgida en Inglaterra a principios del siglo XVIII.

dinero. Al soldado que rehúsa participar en una guerra injusta lo aplauden aquellos que no se niegan a sostener al gobierno injusto que hace la guerra; aquellos cuyos actos y autoridad ignora y desprecia; como si el estado hiciera penitencia encomendando a alguien que lo flagelase mientras pecara, pero sin dejar de pecar ni por un momento. Así pues, en nombre del Orden y del Gobierno Civil, a todos nos hacen rendir homenaje y respaldar a la postre nuestra propia mezquindad. Al primer rubor del pecado le sucede su indiferencia. De esta guisa, la inmoralidad se torna amoralidad, no del todo innecesaria para esta vida que nos hemos labrado.

El mayor error y el más extendido requiere la virtud más desinteresada para sostenerse. Las personas nobles tienen más probabilidades de incurrir en el leve reproche del que es susceptible habitualmente la virtud del patriotismo. Aquellos que, pese a desaprobar el carácter y las medidas de un gobierno, le otorgan su lealtad y su respaldo son sin duda sus más concienzudos defensores y, por ende, son con frecuencia los más serios obstáculos para su reforma. Algunos están pidiendo al estado de Massachusetts que disuelva la Unión e ignore los requerimientos del presidente. ¿Por qué no disuelven su propia unión con el estado y se niegan a pagar su cuota al Tesoro? ¿Acaso no mantienen la misma relación con el estado que este con la Unión? Y las razones que han impedido que el estado se oponga a la Unión, ¿no son las mismas que han evitado que ellos se opongan al estado?

¿Cómo puede un hombre contentarse meramente con defender una opinión y disfrutar *de ella*? ¿Hay algún disfrute en ello si su opinión es que se siente agraviado? Si tu vecino te estafa un solo dólar, no te quedas satisfecho con saber que te ha estafado ni con decir que te ha estafado, ni siquiera con pedirle que te pague lo que te debe. Antes bien, tomas medidas efectivas de inmediato para recuperar la cantidad total y asegurarte de que no te vuelvan a estafar. La acción guiada por principios, por la conciencia y la realización de lo justo, transforma las cosas y las relaciones; es esencialmente revolucionaria y no concuerda del todo con el pasado. No solo divide estados e Iglesias, sino también familias; y divide incluso al *individuo*, al separar en él lo diabólico de lo divino.

Existen leyes injustas: ¿nos contentaremos con obedecerlas o nos esforzaremos en enmendarlas y las obedeceremos hasta que lo hayamos logrado, o las transgrediremos de inmediato? Bajo un gobierno como este, los hombres suelen pensar que deben esperar hasta haber convencido a la mayoría para que las modifique. Creen que, si se resistieran, el remedio sería peor que la enfermedad. Pero es el propio gobierno el culpable de que el remedio sea peor que la enfermedad. Él lo hace peor. ¿Por qué no está más dispuesto el gobierno a anticipar y posibilitar las reformas? ¿Por qué no valora a su sabia minoría? ¿Por qué grita y se resiste antes de ser herido? ¿Por qué no alienta a sus ciudadanos a estar alerta para señalar sus defectos y *mejorar* su actuación? ¿Por qué crucifica siempre a Jesucristo y excomulga a Copérnico y a Lutero, y declara rebeldes a Washington y a Franklin?

Cabría pensar que la negación deliberada y práctica de su autoridad es el único delito que el gobierno nunca contempla. Si no, ¿por qué no le ha asignado su sanción definida, apropiada y proporcionada? Si un hombre que no posee ningún bien se niega una sola vez a pagar nueve chelines al estado, se le encarcela por un periodo no limitado por ninguna ley que yo conozca, y determinado únicamente por la discreción de quienes allí le encerraron. En cambio, si roba noventa veces nueve chelines al estado, enseguida se le deja en libertad.

Si la injusticia forma parte de la fricción necesaria de la maquinaria del gobierno, aceptémosla y dejémosla estar. Tal vez se suavice con el desgaste y, desde luego, la máquina se desgastará. Si la injusticia tiene un muelle, una polea, una cuerda o una manivela exclusivamente para ella, entonces quizá puedas considerar si el remedio no será peor que la enfermedad. Ahora bien, si es de tal naturaleza que requiere que tú seas el agente de la injusticia para con otro, entonces te exhorto a infringir la ley. Que tu vida sea una contrafricción que detenga la máquina. De lo que he de asegurarme en cualquier caso es de no contribuir a la injusticia que condeno.

En cuanto a la adopción de las medidas que el estado ha proporcionado para remediar el mal, yo desconozco tales medios. Llevarían demasiado tiempo y la vida de un hombre se quedaría corta. Tengo otros asuntos que atender. No he venido al mundo esencialmente para hacer de él un buen lugar donde vivir, sino a vivir en él, sea bueno o malo. Un hombre no tiene que hacerlo todo, sino algo; y dado que no puede hacerlo *todo*, no es necesario que haga *algo* malo. No me corresponde a mí elevar peticiones a los gobernantes ni a la asamblea legislativa, como tampoco les compete a ellos interpelarme a mí; y, si no atendieran a mis requerimientos, ¿qué habría de hacer? Pero en este caso el Estado no ha contemplado remedio alguno: su propia Constitución es la enfermedad. Esto puede interpretarse como severidad, terquedad e intransigencia, pero solo ha de tratarse con la máxima amabilidad y consideración al espíritu que la aprecia o la merece. Tal sucede con los cambios para mejor, como el nacimiento y la muerte, que convulsionan el cuerpo.

No vacilo en proclamar que aquellos que se autodenominan abolicionistas deberían retirar de inmediato su apoyo, tanto personal como financiero, al gobierno de Massachusetts, sin esperar a constituir una mayoría, antes de sufrir el derecho de prevalencia. Creo que es suficiente con que tengan a Dios de su lado, sin esperar a nadie más. Por otra parte, cualquier hombre más justo que sus vecinos constituye ya una mayoría.

Con este gobierno estadounidense, o con su representante, el gobierno del estado, solo me encuentro directamente y cara a cara una vez al año, en la persona de su recaudador de impuestos. Ese es el único encuentro necesario con él de un hombre de mi condición. Y es entonces cuando me dice con claridad: «Reconóceme». Y el modo más simple y efectivo —y, en el estado de cosas actual, el más indispensable— de tratar con él y de expresarle mi escasa satisfacción y mi poco amor por él es rechazarlo. Mi vecino civil, el recaudador de impuestos, es justo el hombre con quien he de tratar porque, al fin y a la postre, discuto con los hombres y no con pergaminos, y él ha escogido voluntariamente ser un agente del gobierno. No sabrá bien quién es ni cuál es su misión como funcionario del gobierno o como hombre hasta que se vea obligado a considerar si tratará a su vecino, a quien respeta, o bien como a un vecino y un hombre con buena disposición o bien como a un maniaco y perturbador de la paz; y hasta que compruebe si es capaz de superar esa obstrucción de su buena vecindad sin palabras o pensamientos más rudos e impetuosos en concordancia con su actuación. Estoy convencido de que si mil, si cien, si diez hombres que pueda nombrar, tan solo diez hombres *honrados*, si *un* hombre *honrado* de este estado de Massachusetts *dejase en libertad a sus esclavos*, rompiera sus vínculos con el gobierno y fuera encerrado por ello en la cárcel del condado, se habría logrado la abolición de la esclavitud en Estados Unidos. Y es que no importa lo pequeño que pueda parecer el comienzo: lo que se hace bien una vez bien hecho queda para siempre. Pero preferimos hablar de ello y decir que esa es nuestra misión. La reforma tiene montones de periódicos a su servicio, pero ni un solo hombre. Si mi estimado vecino, el embajador del estado, que dedicará su tiempo a resolver la cuestión de los derechos humanos en la Cámara del Consejo, en vez de sentirse amenazado por las prisiones de Carolina, se sentara como preso de Massachusetts, ese estado tan ansioso por endosar a su hermano el pecado de la esclavitud —aunque hoy por hoy solo puede acusarlo de un acto de inhospitalidad—, la Asamblea Legislativa no desestimaría por completo el asunto el próximo invierno.

Bajo un gobierno que encarcela de forma injusta, el sitio adecuado para el hombre justo es también una prisión. El lugar apropiado hoy, el único lugar que Massachusetts ha ofrecido para sus espíritus más libres y menos abatidos, son sus cárceles. El estado los aparta con su actuación, del mismo modo que ellos mismos se han alejado ya por sus principios. Es ahí donde debería encontrarlos el esclavo fugitivo, el preso mexicano en libertad condicional y el indio que viene a interceder por los agravios infligidos a su raza; en un lugar aislado, pero más libre y honorable, donde el estado confina a aquellos que no están *con* él sino *contra* él: la única morada en un estado esclavista en la que un hombre libre puede habitar con honor. Si alguien piensa que allí se perdería su influencia, que su voz dejaría de afligir el oído del estado y que, confinado entre sus muros, no sería considerado un enemigo, ignora cuánto más fuerte es la verdad que el error y con cuánta más elocuencia y eficacia puede combatir la injusticia quien la ha sufrido un poco en sus propias carnes. Deposita todo tu voto, no solo una papeleta, sino toda tu influencia. Una minoría es impotente mientras se somete a la mayoría; entonces no es ni siquiera una minoría; en cambio, es irresistible cuando obstruye con todo su peso. Si la disyuntiva es mantener en prisión a todos los hombres justos o renunciar a la guerra y a la esclavitud, el estado no dudará por qué decantarse. Si un millar de hombres no pagaran sus impuestos este año, esa medida no sería violenta y sangrienta como lo sería pagarlos y permitir así que el estado cometa violencia y derrame sangre inocente. Esta es, de hecho, la definición de una revolución pacífica, si es que tal cosa es posible. Si el recaudador de impuestos o cualquier otro funcionario público me pregunta, como ha hecho uno, «Pero ¿qué puedo hacer yo?», mi respuesta es: «Si de veras deseas hacer algo, renuncia a tu cargo». Cuando el súbdito haya negado lealtad y el funcionario haya renunciado a su puesto, se habrá consumado la revolución. Pero supongamos incluso que corriera la sangre. ¿Acaso no se produce una suerte de derramamiento de sangre cuando se hiere la conciencia? Por esa herida fluye la auténtica hombría e inmortalidad de un hombre, que se desangra en una muerte eterna. Hoy veo fluir esta sangre.

He contemplado el encarcelamiento del infractor más que la incautación de sus bienes —aunque ambos servirán al mismo propósito— porque aquellos que defienden la justicia más pura, y en consecuencia resultan más peligrosos para un estado corrupto, por lo general no han dedicado mucho tiempo a acumular propiedades. A estos, el estado les presta comparativamente escaso servicio, y hasta un leve impuesto suele parecerles exorbitante, en particular si están obligados a ganarlo con el sudor de su frente. Si hubiese alguien que nunca utilizara dinero, el propio estado vacilaría a la hora de reclamárselo. Pero el rico (sin ánimo de hacer ninguna comparación odiosa) siempre se vende a la institución que le enriquece. En términos absolutos, cuanto más dinero, menos virtud; y es que el dinero se interpone entre el hombre y sus objetivos y los consigue para él; y desde luego la obtención de ese dinero no supone ninguna gran virtud. Resuelve muchas preguntas que de lo contrario se vería obligado a responder, en tanto que el único nuevo interrogante que plantea es el difícil pero superfluo: ¿cómo gastarlo? Así pues, su fundamento moral se hunde bajo sus pies. Las oportunidades de vivir disminuyen en proporción al incremento de los llamados *medios de vida*. Lo mejor que un hombre puede hacer por su cultura cuando es rico es esforzarse en llevar a cabo los planes que albergaba cuando era pobre. Cristo respondió a los herodianos conforme a su condición. «Mostradme la moneda del tributo», les dijo; y uno sacó un denario del bolsillo. Si utilizáis dinero que lleva la imagen del césar y que él ha valorado y puesto en circulación, es decir, *si sois hombres del*

Estado y disfrutáis de buen grado las ventajas del gobierno del césar, entonces devolvedle algo de lo que es suyo cuando os lo reclame. «Pues lo del césar devolvédselo al césar, y lo de Dios a Dios». Pero ellos se quedaron como estaban sin saber qué era de quién, pues no deseaban saber.*

Cuando converso con los más libres de entre mis vecinos, me percato de que, con independencia de lo que digan acerca de la magnitud y seriedad de la cuestión, y de su preocupación por la tranquilidad pública, al fin y a la postre no pueden prescindir de la protección del gobierno existente, y temen las consecuencias que acarrearía para sus propiedades y sus familias la desobediencia a este. Por mi parte, no me agradaría pensar que algún día vaya a depender de la protección del estado. Ahora bien, si niego su autoridad cuando me presente su factura de impuestos, no tardará en incautarse de todas mis propiedades y dilapidarlas, y no cesará de hostigarnos a mis hijos y a mí. Eso es duro y torna imposible que un hombre viva al mismo tiempo con honestidad y con comodidades materiales. No merecerá la pena acumular propiedades, que sin duda le volverían a arrebatar. Será preferible alquilar u ocupar una vivienda en algún lugar, cultivar una pequeña cosecha y consumirla pronto. Uno ha de vivir a su aire y depender solo de sí mismo, siempre presto y dispuesto a volver a empezar, y no tener muchos asuntos entre manos. Un hombre puede enriquecerse hasta en Turquía si se comporta en todos los aspectos como un buen súbdito del gobierno turco. Decía Confucio: «En un país en el que prevalece la Vía [justicia y virtud] es vergonzoso permanecer

* Mateo 22, 16-21. *(N. del T.).*

pobre y anónimo; en un país que ha perdido la Vía es vergonzoso convertirse en alguien rico y recibir honores».* No: hasta que necesite la protección de Massachusetts en algún remoto puerto meridional en el que mi libertad se halle amenazada, o mientras me limite a vivir de forma pacífica en una finca en mi propio país, puedo permitirme negar a Massachusetts mi lealtad y su derecho sobre mis bienes y mi vida. Me cuesta menos en todos los sentidos sufrir el castigo de la desobediencia al estado que obedecer. Mi obediencia en estas circunstancias me haría sentirme menos digno.

Unos años atrás, el estado acudió a mí en nombre de la Iglesia y me instó a pagar una cierta suma para apoyar al clérigo a cuyas predicaciones solía asistir mi padre, aunque yo jamás lo acompañara. «Pague —me dijo— o será encarcelado». Yo rehusé pagar. Pero por desgracia otro hombre tuvo a bien hacerlo por mí. Yo no entendía por qué el maestro de escuela debía pagar impuestos para mantener al sacerdote, pero no a la inversa. Y, además, yo no era maestro del estado, sino que me mantenía mediante una suscripción voluntaria. No comprendía por qué el liceo no podía presentar su cuenta de impuestos y contar con el respaldo del estado como hacía la Iglesia. Sin embargo, a instancias de los concejales, condescendí a redactar la siguiente declaración: «Sepan todos los hombres por la presente que yo, Henry Thoreau, no deseo que se me considere miembro de ninguna sociedad legalmente constituida a la que yo no me haya unido». Se la entregué al secretario del ayuntamiento y obra en su poder. El estado, una vez

* Confucio, *Analectas*, VIII, 13. *(N. del T.).*

informado por esa vía de que yo no deseaba que se me considerase miembro de esa Iglesia, no ha vuelto a exigirme nada semejante desde entonces; no obstante, me dijo que en esa ocasión debía mantener su pretensión original. De haber sabido cómo denominarlas, me habría dado de baja minuciosamente de todas las sociedades en las que nunca me había inscrito; pero no sabía dónde encontrar una lista completa.

Llevo seis años sin pagar el impuesto al sufragio. Una vez pasé una noche en prisión por ese motivo; y mientras examinaba las paredes de piedra maciza, de sesenta a noventa centímetros de espesor, la puerta de madera y hierro de treinta centímetros de grosor y las rejas de hierro por donde se filtraba la luz, no pude por menos que sorprenderme de la estupidez de aquella institución que me trataba como si no fuese más que carne, sangre y huesos destinados a la reclusión. Me asombraba que hubieran llegado a la conclusión de que aquel era el mejor uso que podían hacer de mí y que no se les ocurriera sacar algún provecho de mis servicios. Se me antojaba que, si me separaba de mis conciudadanos un muro de piedra, era preciso escalar o atravesar otro más difícil para llegar a ser tan libre como yo. Ni un solo momento me sentí confinado, y las paredes me parecían un gran desperdicio de piedra y mortero. Me sentía como si fuera el único de todos mis conciudadanos que había pagado sus impuestos. Simple y llanamente, ellos no sabían cómo tratarme, pero se comportaban como personas maleducadas. Cada una de sus amenazas y cada uno de sus halagos era un error garrafal, ya que pensaban que mi principal deseo era estar del otro lado del muro de piedra. No podía evitar sonreír al ver con cuánto esmero encerraban bajo llave mis meditaciones, que los seguían fuera de allí sin obstáculos ni impedimentos, y constituían en realidad el único peligro. Al no poder acceder hasta mí, habían resuelto castigar a mi cuerpo; al igual que hacen los niños que, si no pueden llegar hasta la persona a la que guardan rencor, maltratan a su perro. Me percaté de la estupidez del estado, tímido cual mujer solitaria que atesora sus cucharas de plata, e incapaz de distinguir a sus amigos de sus enemigos, de modo que perdí todo el respeto que aún le profesaba y sentí lástima por él.

Por consiguiente, el Estado jamás se enfrenta de forma intencionada al juicio intelectual o moral de un hombre, sino tan solo a su cuerpo y sus sentidos. No aventaja al individuo en ingenio ni honestidad, sino tan solo en fuerza física. Yo no he nacido para ser forzado. Respiraré a mi manera. Ya veremos quién es el más fuerte. ¿Qué fuerza posee una multitud? Solo pueden obligarme aquellos que obedecen una ley superior a la mía. Me obligan a convertirme en uno de ellos. No conozco a ningún *hombre* a quien las masas lo hayan *forzado* a seguir este o aquel camino. ¿Qué clase de vida sería esa? Cuando me encuentro con un gobierno que me dice: «La bolsa o la vida», ¿por qué habría de apresurarme a entregarle mi dinero? Puede estar en un grave aprieto y no saber qué hacer, pero yo no puedo ayudarle. Debe arreglárselas por sí mismo, como he de hacer yo. De nada sirve quejarse. Yo no soy responsable del funcionamiento exitoso de la maquinaria de la sociedad. No soy el hijo del ingeniero. Observo que, cuando una bellota y una castaña caen una al lado de la otra, ninguna permanece inerte para dejar paso a la otra, sino que ambas obedecen sus propias leyes, y brotan, crecen y florecen lo mejor que pueden, hasta que una, por ventura, eclipsa y destruye la otra. Si una planta no puede vivir conforme a su naturaleza, muere; y lo mismo le sucede al hombre.

La noche en prisión fue una experiencia nueva y aleccionadora. A mi llegada, los presos, en mangas de camisa, disfrutaban de la charla y el aire de la tarde en la entrada. Pero el carcelero dijo: «Vamos, muchachos, es hora de cerrar»; de modo que se dispersaron y oí el ruido de sus pasos de regreso a sus vacíos aposentos. El carcelero me presentó a mi compañero de celda como «un tipo excelente e inteligente». Cuando se cerró la puerta, me enseñó dónde colgar mi sombrero y cómo se las ingeniaba allí dentro. Encalaban las celdas una vez al mes; y aquella, al menos, era la más blanca, amueblada con la máxima sencillez y probablemente el aposento más limpio de la ciudad. Naturalmente, quería saber de dónde venía y qué me había llevado allí, y, cuando se lo conté, le pregunté a mi vez por qué estaba él, suponiéndole un hombre honrado, por supuesto; y, en vista de cómo está el mundo, creo que lo era. «Bueno —me contestó—, me acusan de incendiar un granero, pero jamás hice tal cosa». Por lo que pude averiguar, probablemente se había acostado en un granero cuando estaba borracho, había fumado allí su pipa y el granero había ardido. Tenía fama de ser un tipo listo, llevaba allí unos tres meses a la espera de su juicio y aún tendría que aguardar otro tanto, pero se había adaptado bien y estaba bastante satisfecho, pues tenía pensión completa gratuita y se sentía bien tratado.

Él ocupaba una ventana y yo la otra, y vi que si uno

permanecía allí mucho tiempo, su principal ocupación consistiría en mirar por la ventana. No tardé mucho en leer todos los panfletos que se habían dejado allí, en examinar por dónde se habían fugado los presos anteriores y por dónde se había serrado una reja, y en escuchar la historia de los diversos ocupantes de aquella celda. Descubrí que incluso allí había una historia y un chismorreo que nunca circulaban más allá de los muros de la cárcel. Es probable que esa sea la única casa de la ciudad en la que se componen versos que luego se imprimen y circulan, pero no se publican. Me enseñaron una larga lista de versos compuestos por unos jóvenes sorprendidos en un intento de fuga, que los cantaban para vengarse.

Saqué a mi compañero de celda toda la información que pude, por temor a no volver a verlo, pero finalmente me indicó cuál era mi cama y fue a apagar la lámpara.

Pasar allí una noche fue como viajar a un país lejano que jamás hubiera esperado conocer. Me parecía como si nunca hubiera oído dar las horas al reloj del ayuntamiento ni escuchado los sonidos del pueblo, pues dormimos con las ventanas abiertas, que estaban por dentro de las rejas. Era como contemplar mi pueblo natal a la luz de la Edad Media y nuestro Concord convertido en un afluente del Rin, y desfilaron ante mis ojos caballeros y castillos. Oía en las calles las voces de los viejos burgueses. Era un espectador y oyente involuntario de cuanto se hacía y se decía en la cocina de la posada contigua; una experiencia totalmente novedosa y excepcional para mí. Era una visión más cercana de mi localidad natal. Estaba plenamente inmerso en ella. Nunca había visto sus instituciones, y esta era una de las más peculiares, por tratarse de una sede de condado. Comenzaba a comprender la idiosincrasia de sus habitantes.

Por la mañana, nos pasaron el desayuno por el agujero de la puerta, en cacerolas ovaladas de hojalata que contenían medio litro de chocolate con pan moreno y una cuchara de hierro. Cuando volvieron a recoger los recipientes, mi inexperiencia casi me llevó a devolver el pan sobrante, pero mi compañero lo agarró y me dijo que debería guardarlo para la comida o la cena. Poco después lo dejaron salir para trabajar segando heno en un campo vecino, adonde acudía a diario, y no regresaría hasta mediodía, por lo que se despidió de mí diciendo que dudaba que volviéramos a vernos.

Cuando salí de la cárcel —porque alguien intervino y pagó aquel impuesto—, no advertí que se hubieran producido grandes cambios, como los que apreciaría quien hubiera marchado en su juventud y regresara como un hombre tambaleante de cabello cano. Y sin embargo, mis ojos percibieron una transformación del paisaje (el pueblo, el estado y el país) mayor de la que podía haber obrado el mero transcurso del tiempo. Vi con más nitidez el estado en el que vivía. Vi hasta qué punto podía confiar en mis conciudadanos como buenos vecinos y amigos; que su amistad era solo para los tiempos de bonanza; que no tenían muchos propósitos de obrar bien; que eran una raza distinta de mí por sus prejuicios y supersticiones, como lo son los chinos y los malayos; que en sus sacrificios por la humanidad no corrían ningún riesgo, ni siquiera para sus propiedades; que después de todo no eran tan nobles, sino que trataban al ladrón como este los había tratado a ellos, y confiaban en salvar su alma mediante una cierta observancia externa y unas cuantas oraciones, y siguiendo de vez en cuando una particular senda recta, pero inútil. Puede que juzgue a mis vecinos con severidad, pero creo que muchos de ellos ignoran que existe en su pueblo una institución tal como la cárcel.

Cuando un deudor pobre salía de la cárcel, antiguamente era costumbre en nuestra aldea que sus conocidos lo saludasen mirando a través de sus dedos cruzados, que representaban los barrotes de la ventana de la prisión. «¿Qué tal estás?». Pero mis vecinos no me saludaron así, sino que primero me miraban a mí y luego los unos a los otros, como si hubiera regresado de un largo viaje. Me encarcelaron cuando iba camino del zapatero a recoger un zapato remendado. Cuando me dejaron en libertad a la mañana siguiente, terminé mi recado y, tras ponerme mi zapato remendado, me uní a un grupo de recolectores de arándanos, que estaban impacientes porque les hiciese de guía; y en media hora (pues no tardé en aparejar el caballo) me hallaba en medio de un campo de arándanos, en una de nuestras colinas más altas, a tres kilómetros del pueblo, donde no se veía al Estado por ningún lado.

Esta es la historia completa de «Mis prisiones».

Jamás me he negado a pagar el impuesto de carreteras, porque estoy deseoso de ser un buen vecino, como lo estoy de ser un mal súbdito. Y, en lo que atañe al mantenimiento de las escuelas, estoy contribuyendo a la educación de mis conciudadanos. No rehúso pagar la cuenta de impuestos por ningún concepto de esta en particular. Simplemente deseo negar lealtad al estado, retirarme y mantenerme apartado de él de forma efectiva. Aunque pudiera, no me molestaría en seguir el rastro de mi dinero hasta que sirva para comprar a un hombre o un mosquete con el que dispararle; el dinero es inocente, pero me preocupa rastrear los efectos de mi lealtad. De hecho, le declaro en silencio la guerra al estado, a mi manera, aunque seguiré utilizándolo y sacando todo el provecho que pueda de él, como se suele hacer en estos casos.

Si otros pagan el impuesto que a mí se me exige, por simpatía al estado, no hacen sino lo que han hecho ya en su propio caso, o más bien están siendo cómplices de la injusticia en mayor medida de lo que el estado requiere. Si pagan el impuesto por un interés equivocado en el individuo gravado, para salvar sus propiedades o impedir que lo encarcelen, es porque no han considerado con prudencia hasta qué punto permiten que sus sentimientos privados interfieran con el bien público.

Esta es, pues, mi posición actual. Pero en estos casos hay que estar muy en guardia para evitar actuar sesgado por la obstinación o por una indebida consideración por las opiniones ajenas. Dejemos que cada cual obre como deba y como corresponda a la ocasión.

A veces pienso que estas gentes tienen buenas intenciones, pero son solo ignorantes; actuarían mejor si supieran cómo hacerlo. ¿Por qué poner a tus vecinos en el aprieto de tratarte en contra de sus inclinaciones? En cualquier caso, creo que ello no es motivo para que yo los imite o permita que otros sufran un dolor mucho mayor de diferente naturaleza. En ocasiones me digo a mí mismo: cuando muchos millones de hombres, sin vehemencia, sin mala voluntad, sin ningún tipo de sentimientos personales, te piden unos cuantos chelines tan solo, sin la posibilidad, según su constitución, de retirar o alterar su petición, y sin la posibilidad por tu parte de apelar a otros millones, ¿por qué exponerte a esa arrolladora fuerza bruta? No resistes con tanta obstinación el frío ni el hambre, los vientos ni las olas; te sometes calladamente a un millar de necesidades similares. No metes la cabeza en el fuego. Pero justo en la misma medida en que considero que esta no es plenamente una fuerza bruta, sino en parte una fuerza humana, y que tengo relaciones con esos millones como con tantos millones de hombres, y no con meras bestias o seres inanimados, veo que la apelación es posible, primero y de forma inmediata, de ellos hacia su Creador, y, en segundo lugar, de ellos hacia sí mismos. En cambio, si meto deliberadamente la cabeza en el fuego, no cabe apelar al fuego ni a su Creador, y solo puedo culparme a mí mismo. Si pudiera convencerme de que tengo algún derecho a estar satisfecho con los hombres tal como son y a tratarlos en consecuencia, y no atendiendo, en ciertos aspectos, a mis requerimientos y expectativas de lo que tanto ellos como yo deberíamos ser, entonces, como un buen musulmán y fatalista, me esforzaría en contentarme con las cosas tal como son y diría que es la voluntad de Dios. Y, por encima de todo, existe esta diferencia entre resistirse a esto y a una fuerza puramente bruta o natural. Y es que puedo resistirme a esto de manera efectiva; en cambio, no puedo esperar, como Orfeo, cambiar la naturaleza de las piedras, los árboles y las bestias.

No deseo discutir con ningún hombre o nación. No pretendo buscarle tres pies al gato, hacer distinciones sutiles ni erigirme en alguien mejor que mis vecinos. Podría decir que, más bien, busco incluso una excusa para cumplir las leyes del país. Estoy plenamente dispuesto a acatarlas. De hecho, tengo razones para desconfiar de mi actitud; y cada año, cuando llega el recaudador de impuestos, me descubro a mí mismo dispuesto a revisar las leyes y la posición de los gobiernos general y estatal, y el espíritu del pueblo, con el ánimo de hallar un pretexto para mostrar mi conformidad.

Tanto afecto debemos a nuestro país como a nuestros padres,
y si en algún momento dejamos de honrarlo con nuestro amor y
[denuedo,
debemos acatar las consecuencias e instruir al alma
en cuestiones de conciencia y religión
*y no en deseos de gobierno o provecho propio.**

Creo que el Estado pronto será capaz de quitarme de las manos todos mis esfuerzos en este sentido, y entonces ya no seré mejor patriota que mis conciudadanos. Vista desde abajo, la Constitución, con todos sus defectos, es muy buena; la ley y los tribunales son muy respetables; incluso este estado y este gobierno estadounidense son, en muchos sentidos, muy admirables y singulares, y deberíamos estar agradecidos por ellos, tal como los ha descrito mucha gente. En cambio, desde un punto de vista un poco más elevado, son como yo los he descrito. Y si ascendemos a lo

* «We must affect our country as our parents, / And if at any time we alienate / Our love or industry from doing it honor, / We must respect effects and teach the soul / Matter of conscience and religion, / And not desire of rule or benefit». Versos de la obra *The Battle of Alcazar* (1594), del dramaturgo británico George Peele, contemporáneo de Shakespeare. *(N. del T.)*.

más alto, ¿quién podrá decir lo que son o si merece la pena contemplarlos o pensar en ellos?

No obstante, el gobierno no me preocupa en exceso y le dedicaré las mínimas reflexiones posibles. No son muchos los momentos en los que vivo bajo un gobierno, ni siquiera en este mundo. Si un hombre posee libertad de pensamiento, fantasía e imaginación, aquello que *no es* nunca le parecerá por mucho tiempo que *es*, y ni los gobernantes ni los reformadores incautos podrán obnubilar su juicio.

Me consta que la mayoría de los hombres piensan de forma distinta a la mía; pero aquellos que, por su profesión, dedican sus vidas al estudio de estos o similares asuntos me complacen tan poco como los demás. Los estadistas y los legisladores, al hallarse tan plenamente integrados en la institución, nunca la contemplan con claridad y objetividad. Hablan de transformar la sociedad, pero no encuentran lugar de reposo fuera de ella. Puede que sean hombres con una cierta experiencia y discernimiento, y han inventado sin duda sistemas ingeniosos e incluso útiles, por los que les estamos sinceramente agradecidos, pero todo su ingenio y utilidad se circunscriben a unos límites no muy amplios. Acostumbran a olvidar que el mundo no está gobernado por la política ni por la conveniencia. Webster* nunca se desmarca del gobierno, por lo que no puede hablar de él con autoridad. Sus palabras son sabias para aquellos legisladores que no contemplan ninguna reforma esencial en el gobierno existente; pero para los pen-

* Daniel Webster (1782-1852) fue un prominente político estadounidense de la época anterior a la guerra de Secesión. *(N. del T.)*.

sadores y para quienes legislan con la mirada puesta en el futuro, nunca llega a vislumbrar el problema.

Conozco a algunos cuyas serenas y sabias especulaciones sobre este asunto no tardarían en revelar los límites del alcance y la hospitalidad de su mente. Con todo, en comparación con las ordinarias manifestaciones de la mayoría de los reformadores y la todavía más ordinaria sabiduría y elocuencia de los políticos en general, sus palabras son prácticamente las únicas sensatas y valiosas, y damos las gracias al cielo por él. En términos comparativos, él es siempre fuerte, original y, ante todo, práctico. Ahora bien, su cualidad no es la sabiduría, sino la prudencia. La verdad del abogado no es la Verdad, sino la coherencia o una conveniencia coherente. La Verdad se halla siempre en armonía consigo misma y no tiene como principal preocupación revelar la justicia, que puede ser compatible con las malas acciones. Se merece el nombre, que se le ha dado, de defensor de la Constitución. Sus únicos golpes son defensivos. No es un líder, sino un seguidor. Sus líderes son los hombres que redactaron la Constitución de 1787. «Nunca me he esforzado —dice—, ni tengo el propósito de esforzarme; nunca consentiré ni pretendo consentir ningún esfuerzo para alterar el acuerdo originalmente establecido en virtud del cual los diversos estados constituyeron la Unión». Respecto del hecho de que la Constitución autorice la esclavitud, declara: «Dado que formaba parte del pacto original, dejémosla estar». A pesar de su especial perspicacia y habilidad, es incapaz de aislar un hecho de sus relaciones meramente políticas y contemplarlo en sí mismo para que el intelecto se deshaga de él (por ejemplo, lo que le corresponde hacer hoy a un hombre en Estados Unidos con respecto a la esclavitud), sino que se aventura o se ve impulsado a dar una respuesta tan desesperada como la siguiente, al tiempo que declara hablar en términos absolutos y a título personal (¿qué nuevo y singular código de deberes sociales cabría inferir de ello?): «La manera —dice— en la que los gobiernos de aquellos estados en los que existe la esclavitud han de regularla les compete a ellos, por su responsabilidad ante sus electores, ante las leyes generales de propiedad, humanidad y justicia, y ante Dios. Las asociaciones formadas en otros lugares, y surgidas de un sentimiento de humanidad o por cualquier otra causa, no tienen absolutamente nada que ver con ello. Yo nunca las he alentado ni jamás lo haré».*

Quienes no conocen fuentes más puras de verdad, quienes no han seguido su curso hasta su nacimiento, se atienen sabiamente a la Biblia y a la Constitución, y beben de ellas con reverencia y humildad. En cambio, aquellos que contemplan desde dónde gotea hasta este lago o aquella charca se arman de valor una vez más y continúan su peregrinación hacia su fuente.

En Estados Unidos no ha aparecido ni un solo hombre con genio para la legislación. Tales individuos escasean en la historia del mundo. Hay oradores, políticos y hombres elocuentes a millares, pero todavía no ha abierto la boca el orador capaz de resolver los problemas más controvertidos del momento. Nos encanta la elocuencia por sí misma y no por las verdades que pueda proferir o el heroísmo que

* Extracto del célebre discurso pronunciado por Daniel Webster, el 22 de diciembre de 1845, sobre la admisión de Texas como estado de la Unión. *(N. del T.)*.

pueda inspirar. Nuestros legisladores aún no han aprendido el valor relativo que poseen, para una nación, el libre comercio y la libertad, la unión y la rectitud. Carecen de genio o de talento para cuestiones comparativamente modestas como los impuestos y las finanzas, el comercio, las manufacturas y la agricultura. Si nuestra única guía fuese el verboso ingenio de los legisladores del Congreso, sin la corrección de la oportuna experiencia y las eficaces protestas del pueblo, Estados Unidos no conservaría por mucho tiempo su rango entre las naciones. El Nuevo Testamento se escribió hace mil ochocientos años, aunque tal vez no tenga derecho a decirlo; sin embargo, ¿dónde está el legislador dotado de suficiente sabiduría y talento práctico para servirse de la luz que este arroja sobre la ciencia de la legislación?

La autoridad del gobierno, incluso aquella a la que estoy dispuesto a someterme —pues obedeceré de buen grado a quienes saben más y pueden hacerlo mejor que yo, y en muchos casos incluso a quienes no saben ni pueden hacerlo tan bien—, sigue siendo impura: para ser estrictamente justa, debe contar con la sanción y el consentimiento de los gobernados. No puede tener sobre mi persona y mis bienes más derecho puro que el que yo le otorgue. El progreso de una monarquía absoluta a otra limitada, de una monarquía limitada a una democracia, es un progreso hacia un auténtico respeto por el individuo. Incluso el filósofo chino fue lo suficientemente sabio para concebir al individuo como la base del imperio. ¿Es la democracia, tal como la conocemos, la última mejora posible en el gobierno? ¿No cabe dar un paso más hacia el reconocimiento y la organización de los derechos del hombre? No existirá nunca un estado realmente libre e ilustrado hasta que llegue a reconocer al individuo como un poder superior e independiente, del que deriva todo su propio poder y autoridad, y lo trate en consecuencia. Me complazco imaginando al menos un estado capaz de ser justo con todos los hombres y tratar al individuo con respeto como un vecino; que no considere incompatible con su propio sosiego que unos pocos vivan al margen de él, sin interferir con él ni acogerse a él, limitándose a cumplir todas sus obligaciones como vecinos y prójimos. Un estado que diera esta clase de fruto y lo dejara caer en cuanto madurase allanaría el camino para un estado más perfecto y glorioso aún, que también he imaginado, aunque todavía no lo haya visto en ninguna parte.

WALDEN
(1854)

Una selección de textos

LEYES SUPERIORES

(párrafo final)

John Farmer se acomodó a la puerta de su casa una tarde de septiembre, tras una dura jornada de trabajo, su mente afanada todavía en sus labores. Después de bañarse, se sentó a recrear a su hombre intelectual. Era una tarde bastante fresca y algunos de sus vecinos temían que cayera una helada. No llevaba mucho tiempo enfrascado en sus pensamientos cuando escuchó que alguien tocaba una flauta, y aquel sonido armonizaba con su estado de ánimo. Pensaba aún en su trabajo, pero, aunque no dejaba de darle vueltas en su cabeza y se descubría planeando y maquinando contra su voluntad, apenas le abrumaba ya la carga de sus pensamientos. No eran más que las escamas de su piel, que no cesaban de desprenderse. Sin embargo, las notas de la flauta llegaban a sus oídos desde una esfera diferente de aquella en la que él trabajaba, y sugerían el cultivo de ciertas facultades aletargadas en él. Suavemente, hicieron desaparecer la calle, la aldea y el estado donde vivía. Una voz le dijo: «¿Por qué te quedas aquí y llevas esta vida miserable y afanosa, cuando te aguarda una existencia gloriosa? Esas mismas estrellas titilan sobre otros campos». Pero ¿cómo librarse de esta condición y migrar de veras hacia allí? Lo único que se le ocurría era practicar una nueva austeridad, dejar que su mente descendiera a su cuerpo y lo redimiera, y tratarse a sí mismo con un respeto cada vez mayor.

ECONOMÍA

Cuando escribí las páginas siguientes, o más bien la mayor parte de ellas, vivía solo en el bosque, a kilómetro y medio de cualquier vecino, en una casa que yo mismo había construido, a orillas de la laguna de Walden, en Concord, Massachusetts, y me ganaba la vida trabajando con mis manos. Allí viví dos años y dos meses. Ahora vuelvo a ser un habitante de la vida civilizada.

No haría a mis lectores partícipes forzosos de mis asuntos si mis conciudadanos no hubieran mostrado un interés particular por mi modo de vida, que algunos tacharían de impertinente aunque a mí no me lo parezca en absoluto, sino que, dadas las circunstancias, se me antoja muy natural y pertinente. Algunos me han preguntado qué comía, si no me sentía solo, si no tenía miedo y cosas por el estilo. Otros han sentido la curiosidad de saber qué parte de mis ingresos destinaba a fines benéficos; y algunos, con familias numerosas, a cuántos niños pobres mantenía. Por consiguiente, a aquellos de mis lectores que no sientan un especial interés en mí he de pedirles que me disculpen si trato de responder algunas de esas preguntas en este libro. En la mayoría de los libros se omite el *yo* o la primera persona. Esta es la principal diferencia en lo que atañe al egotismo. Solemos olvidar que, al fin y a la postre, siempre es la primera persona la que habla. No me referiría tanto a mí mismo si hubiera alguien más a quien conociera tan bien. Por desgracia, estoy confinado a este tema por la angostura de mi experiencia. Además, por mi parte, yo exijo de todo escritor, antes o después, un relato sencillo y sincero de su propia vida, y no meramente lo que ha oído de las vidas de otros hombres; una crónica como la que enviaría a sus familiares desde tierras remotas; porque si ha vivido sinceramente, tiene que haber sido en una tierra lejana para mí. Tal vez estas páginas estén más específicamente dirigidas a los estudiantes pobres. En cuanto al resto de mis lectores, aceptarán aquellas partes que les incumban. Confío en que nadie estire las costuras al ponerse el abrigo, porque este puede hacer un buen servicio a quien le quede bien.

Desearía decir algo, no tanto sobre los chinos y los isleños de las Sandwich como sobre vosotros, que leéis estas páginas y se dice que vivís en Nueva Inglaterra; algo sobre vuestra condición, especialmente vuestra condición externa o vuestras circunstancias en este mundo, en esta ciudad, cómo es, si es necesario que sea tan mala como es, si es o no susceptible de mejora. He viajado mucho por Concord; y en todas partes, en las tiendas, las oficinas y los campos, los habitantes parecían estar haciendo penitencia de mil maneras notables. Lo que he oído de los brahmanes, que se sientan expuestos a cuatro fuegos de cara al sol; o que se cuelgan suspendidos cabeza abajo sobre las llamas; o miran los cielos por encima de sus hombros «hasta que les resulta imposible recuperar su posición natural, mientras que la torsión del cuello solo permite el paso de líquidos hasta su estómago»; o moran al pie de un árbol, encadenados de por vida; o miden con su cuerpo, cual orugas, la extensión de los vastos imperios; o se sostienen sobre una sola pierna en lo alto de pilares: ni siquiera esas formas de penitencia consciente son más increíbles y asombrosas que las escenas de las que soy testigo a diario. Los doce trabajos de Hércules eran insignificantes en comparación con los emprendidos por mis vecinos; pues aquellos eran solamente doce y tenían un final, pero jamás he visto que estos hombres hayan matado o capturado ningún monstruo o terminado tarea alguna. No tienen ningún amigo como Yolao que queme con un hierro candente la raíz de la cabeza de la hidra, sino que, en cuanto aplastan una, crecen dos.

Veo a jóvenes, mis conciudadanos, cuyo infortunio es haber heredado granjas, casas, graneros, ganado y aperos de labranza; y es que resulta más fácil adquirirlos que librarse de ellos. Más les valdría haber nacido en pastizales abiertos y que los hubiera amamantado una loba, pues podrían haber visto con más claridad qué campos estaban llamados a cultivar. ¿Quién los ha hecho siervos de la gleba? ¿Por qué habrían de comer sus veinte hectáreas cuando el hombre está condenado solo a morder el polvo? ¿Por qué deberían empezar a cavar su tumba tan pronto como nacen? Tienen que vivir la vida de un hombre, sacar adelante todas esas cosas y arreglárselas como puedan. ¡Cuántas pobres almas inmortales he conocido casi aplastadas y asfixiadas bajo su carga, arrastrándose por el camino de la vida, sacando adelante un granero de veinte por diez metros, con sus establos de Augías sin limpiar y cuarenta hectáreas de tierra, labranza, siega, pasto y parcela de árboles! Los desposeídos, que no tienen que luchar con tales innecesarios impedimentos heredados, hallan suficiente trabajo en someter y cultivar un metro cúbico de carne.

Pero los hombres trabajan por error. La mejor parte del hombre pronto se incorpora al suelo como abono. Por un aparente sino, comúnmente llamado necesidad, se dedican, como dice un viejo libro, a acumular tesoros que corromperán la polilla y la herrumbre y demolerán y robarán los ladrones. Es una necedad de vida, como descubrirán cuando lleguen a su final, si no antes. Se dice que Deucalión y Pirra crearon a los hombres lanzando piedras tras de sí sobre sus cabezas:

Inde genus durum sumus, experiensque laborum,
Et documenta damus qua simus origine nati.

O, en la sonora versión de los versos de Raleigh:

Desde entonces somos una especie recia, curtida en el dolor,
y damos prueba de nuestro origen rocoso.

Tal fue el fruto de la obediencia ciega a un oráculo errado, al lanzar las piedras tras de sí sobre sus cabezas sin ver dónde caían.

La mayoría de los hombres, incluso en este país relativamente libre, por mera ignorancia y error, están tan ocupados con los cuidados facticios y las labores superfluamente groseras de la vida que no pueden recoger sus mejores frutos. Sus dedos, debido al trabajo excesivo, son demasiado torpes y tiemblan exageradamente para eso. En realidad, el trabajador no dispone del ocio necesario para una auténtica integridad cotidiana; no se puede permitir mantener las relaciones más viriles con otros hombres; su trabajo se depreciaría en el mercado. Solo tiene tiempo para ser una máquina. ¿Cómo puede recordar bien su ignorancia —tal como requiere su crecimiento— quien ha de utilizar tan a menudo sus conocimientos? Deberíamos alimentarlo y vestirlo a veces de forma gratuita y restaurar su salud con nuestros cordiales antes de juzgarlo. Las mejores cualidades de nuestra naturaleza, como la floración de los frutos, solo pueden preservarse con el trato más delicado. Sin embargo, no nos tratamos a nosotros mismos ni a los demás con tanta ternura.

Todos sabemos que algunos de vosotros sois pobres, os resulta difícil vivir y a veces, por así decirlo, os falta el aliento. No me cabe la menor duda de que algunos de los que leéis este libro sois incapaces de pagar todas vuestras comidas o los abrigos o zapatos que ya tenéis desgastados, y habéis llegado a esta página para pasar un tiempo prestado o hurtado, tras robar una hora a vuestros acreedores. Me resulta muy evidente que muchos de vosotros vivís una vida mezquina y furtiva, pues mi vista se ha agudizado con la experiencia; siempre en los límites, tratando de hacer negocios y salir de deudas, un cenagal muy antiguo que los latinos designaban como *aes alienum*, bronce ajeno, por el material de algunas de sus monedas; todavía viviendo, y muriendo, y siendo enterrados por este bronce ajeno; siempre prometiendo pagar, prometiendo pagar mañana, y muriendo hoy, insolventes; intentando ganaros el favor y conseguir clientela de múltiples formas, exceptuando los delitos castigados con la cárcel; mintiendo, halagando, votando, encogiéndoos bajo una capa de civilidad, o dilatándoos en una atmósfera de generosidad tenue y vaporosa, con el fin de persuadir a vuestro vecino de que os permita hacerle unos zapatos, un sombrero, un abrigo o un carruaje, o llevarle la compra; enfermando a fin de almacenar algo para un día de enfermedad, algo que esconder en un viejo baúl, o en una media tras el enlucido o, para mayor seguridad, en el banco de ladrillo; no importa dónde, no importa cuánto o cuán poco.

A veces me asombro de que podamos ser tan frívolos, casi podría decir, como para prestar atención a la forma grosera pero un tanto ajena de servidumbre llamada esclavitud de los negros, cuando existen tantos amos interesados y sutiles que esclavizan tanto al norte como al sur. Es duro tener un supervisor sureño y peor aún tener uno norteño; pero lo peor de todo es que uno sea el negrero de sí mismo. ¡Y hablan de la divinidad del hombre! Fijaos en el arriero por la carretera, que se dirige al mercado de día o de noche; ¿se agita acaso alguna divinidad en su interior? ¡Su deber más elevado es dar forraje y agua a sus caballos! ¿Qué es su destino para él comparado con los intereses navieros? ¿No conduce para el Hacendado Causa-Sensación? ¿Cuán divino e inmortal es? Mirad cómo se encoge y se escabulle, cuán vagamente teme todo el día sin ser inmortal ni divino, sino el esclavo y prisionero de su propia opinión de sí mismo, una fama ganada por sus propios actos. La opinión pública es un tirano débil comparada con nuestra propia opinión.

Lo que un hombre piensa de sí mismo es lo que determina, o más bien indica, su destino. ¿Qué antiesclavista llevará a cabo, a la manera de Wilberforce, la autoemancipación en las provincias indias occidentales de la fantasía y la imaginación? ¡Pensad también en las damas de esta tierra, que tejen cojines para el tocador hasta el último día, con tal de no revelar un interés demasiado inmaduro en su hado! Como si uno pudiera matar el tiempo sin dañar a la eternidad.

La mayoría de los hombres llevan vidas de desesperación silenciosa. Lo que se denomina resignación es desesperación confirmada. De la ciudad desesperada marcháis al campo desesperado y tenéis que consolaros con la valentía de los visones y las ratas almizcleras. Una desesperación estereotipada pero inconsciente se oculta incluso bajo los llamados juegos y entretenimientos de la humanidad. Nada lúdico hay en ellos, pues eso viene después del trabajo. Ahora bien, una característica de la sabiduría es no hacer cosas desesperadas.

Cuando consideramos lo que, por emplear las palabras del catecismo, es el fin principal del hombre, y cuáles son las auténticas necesidades y medios de vida, parece como si los hombres hubieran escogido deliberadamente la manera común de vivir, por preferirla a cualquier otra. No obstante, creen de veras que no hay elección. Pero las naturalezas despiertas y saludables recuerdan que el sol salió en el cielo despejado. Nunca es demasiado tarde para renunciar a nuestros prejuicios. No podemos confiar sin pruebas en ninguna manera de pensar o de actuar, por antigua que sea. Lo que todo el mundo repite o considera cierto en silencio hoy puede revelarse falso mañana, mero humo de opinión, que algunos habían tomado por una nube que rociaría sus campos con una lluvia fertilizante. Probad a hacer lo que los viejos dicen que no podéis hacer y descubriréis que sois capaces de hacerlo. Las viejas obras para los viejos, y las nuevas, para los jóvenes. Tal vez los ancianos no supieran traer en su momento combustible nuevo con el que mantener el fuego encendido; los jóvenes ponen un poco de leña seca bajo una olla y se ponen a dar vueltas alrededor del globo a la velocidad de las aves, de tal forma que podrían matar a los mayores. La vejez no está más cualificada que la juventud para ser instructora, y apenas está a la altura de esta, pues no ha aprovechado tanto como ha perdido. Cabe dudar incluso de si el más sabio de los hombres ha aprendido algo con valor absoluto por el mero hecho de vivir.

DÓNDE VIVÍA Y PARA QUÉ

En cierta etapa de nuestra vida, estamos acostumbrados a considerar cualquier lugar como el posible emplazamiento de una casa. Yo he escudriñado cada rincón de la comarca en veinte kilómetros a la redonda desde donde vivo. En mi imaginación he comprado una tras otra todas las granjas, pues todas estaban en venta y conocía su precio. He recorrido las propiedades de cada granjero, he probado sus manzanas silvestres, he conversado con ellos sobre agricultura, he aceptado el precio que me pedían por su granja y se la he hipotecado en mi mente; incluso le he puesto un precio más elevado; me he quedado con todo excepto su escritura; he tomado su palabra a cambio de su escritura, ya que me encanta hablar; la he cultivado y confío en que en cierta medida también a su propietario, y me he retirado tras haberla disfrutado lo suficiente, dejándole que la conservara. Esta experiencia me ha valido que mis amigos me consideren una especie de agente inmobiliario. Dondequiera que me sentase, podía vivir, y el paisaje irradiaba de mí en consecuencia. ¿Qué es una casa sino una *sedes*, un asiento? He descubierto muchos lugares para una casa difíciles de mejorar. A algunos les parecerían demasiado alejados del pueblo, pero a mis ojos era el pueblo el que estaba demasiado lejos de ellos. Bueno, aquí podría vivir, me decía; y allí vivía durante una hora la vida de un verano y de un invierno; veía cómo podía dejar correr los años, sobrellevar el invierno y ver llegar la primavera. Los futuros habitantes de esta región, dondequiera que construyan sus casas, pueden estar seguros de que alguien se les ha anticipado. Una tarde bastaba para destinar una tierra a huerto, arboleda y pastizal, y para decidir qué hermosos robles o pinos reservar para la puerta de entrada y desde dónde podía sacarse el mayor partido visual del árbol marchito; y después tal vez la dejase en barbecho, ya que un hombre es rico en función del número de cosas que puede permitirse dejar en paz.

Mi imaginación me llevaba tan lejos que hasta me negaron varias granjas (la denegación era lo único que deseaba), pero nunca me pillé los dedos con la posesión real. Lo más cerca que estuve de la auténtica posesión fue cuando compré las tierras de Hollowell, y había comenzado a clasificar las semillas y a recolectar materiales con los que fabricar una carretilla para transportarlas, pero antes de que el propietario me entregara la escritura, su esposa —todo hombre tiene una mujer así— cambió de parecer y deseó conservar su finca, así que me ofreció diez dólares para deshacer el trato. A decir verdad, yo no tenía más que diez centavos, y superaba mi aritmética saber si yo era el hombre que tenía diez centavos, o que tenía una granja, o diez dólares, o todo al mismo tiempo. No obstante, dejé que él se quedara los diez dólares y también la granja, porque ya había llegado suficientemente lejos; o más bien, en un alarde de generosidad, le vendí la granja justo por lo que le había dado por ella y, como él no era rico, le regalé diez dólares, y conservaba todavía mis diez centavos, mis semillas y los materiales para la carretilla. Descubrí de ese modo que había sido un hombre rico sin haber causado daño alguno a mi propiedad. Pero conservé el paisaje y, desde entonces, me llevo cada año cuanto produce sin carretilla. Con respecto a los paisajes:

> Soy un monarca de todo cuanto *exploro,*
> nadie disputa mi derecho.*

He visto con frecuencia retirarse a un poeta después de haber disfrutado la parte más valiosa de una granja, mientras que el arisco granjero suponía que solo se había llevado unas pocas manzanas silvestres. Y es que el propietario pasa muchos años sin saber cuándo un poeta ha puesto su granja en rimas, la clase más admirable de cerca invisible, la ha confiscado con todas las de la ley, la ha ordeñado y desnatado y le ha sacado toda la crema, y no ha dejado al granjero más que la leche desnatada.

Para mí, los auténticos atractivos de la granja de Hollowell eran: su completo retiro, al estar situada a algo más de tres kilómetros del pueblo, a ochocientos metros del vecino más próximo y separada de la carretera por un cam-

* William Cowper (1731-1800), inicio de sus «Verses, supposed to be written by Alexander Selkirk, during his solitary Abode in the Island of Juan Fernandez». Cursiva de Thoreau. *(N. del T.).*

po extenso; el hecho de estar delimitada por el río, que, a decir del propietario, la protegía con sus nieblas de las heladas primaverales, aunque eso no significara nada para mí; el color gris y el estado ruinoso de la casa y el granero, y las destartaladas cercas, que marcaban un notable intervalo entre el último ocupante y yo; los manzanos huecos y cubiertos de liquen, roídos por los conejos, que mostraban el tipo de vecinos que tendría; pero, sobre todo, el recuerdo que tenía de ella por mis primeros viajes por el río, cuando la casa estaba oculta tras una densa arboleda de arces rojos, a través de la cual oía los ladridos del perro. Tenía prisa por comprarla antes de que el propietario acabara de sacar algunas rocas, talar los manzanos huecos y arrancar unos jóvenes abedules que habían crecido en el prado o, en resumidas cuentas, hubiera hecho más mejoras de ese tenor. Para gozar de esas ventajas, estaba dispuesto a seguir adelante; como Atlas, a cargar el mundo sobre mis hombros —nunca he sabido qué compensación recibió por ello— y a hacer todas esas cosas que no tenían otro motivo o excusa que poder pagar por ello y no ser molestado en mi posesión, pues siempre supe que, con solo permitirme dejarla a su aire, produciría la más abundante cosecha del tipo que quisiera. Pero sucedió lo que he referido.

Todo cuanto podía decir, pues, con respecto a la agricultura a gran escala (siempre he cultivado un jardín), era que había tenido mis semillas preparadas. Muchos piensan que las semillas mejoran con la edad. No me cabe la menor duda de que el tiempo discrimina entre las buenas y las malas; y cuando al fin las plante, probablemente me sienta menos decepcionado. Mas diría de una vez por todas a mis semejantes: vivid libres y sin compromiso el máximo tiempo posible. Hay poca diferencia entre estar comprometido con una granja o con la cárcel del condado.

El viejo Catón, cuyo *De re rustica* es mi «cultivador», dice, y la única traducción que he visto convierte el pasaje en un completo disparate: «Cuando pienses comprar una granja, que sea así en tu ánimo: no compres compulsivamente ni escatimes esfuerzos para verla, y no tengas como suficiente rodearla una sola vez; cuanto más vayas, más te gustará la que sea buena». Creo que no compraré compulsivamente, sino que le daré vueltas mientras viva, y primero seré enterrado en ella para que me agrade más a la postre.

Me propongo describir más detalladamente a continuación mi experimento de esta índole; por conveniencia, reuniré la experiencia de dos años en uno. Como he señalado, no me propongo escribir una oda al abatimiento, sino alardear con tanto vigor como el gallo por la mañana en su gallinero, aunque tan solo sea para despertar a mis vecinos.

Cuando establecí mi morada en los bosques, es decir, cuando empecé a pasar allí tanto mis noches como mis días —lo que casualmente sucedió el Día de la Independencia, el 4 de julio de 1845—, mi casa no estaba terminada para el invierno, sino que era una mera defensa contra la lluvia, sin enlucido ni chimenea, las paredes de bastos tablones desgastados, con amplias grietas que hacían que se enfriara por la noche. Los blancos y tallados montantes verticales y los marcos recién cepillados de puertas y ventanas le conferían un aspecto limpio y espacioso, especialmente por la mañana, cuando sus maderas estaban empapadas de rocío, por lo que me figuraba que a mediodía rezumarían una dulce resina. En mi imaginación conservaba más o menos a lo largo del día ese carácter auroral, que me recordaba cierta casa en una montaña que había visitado el año anterior. Se trataba de una cabaña espaciosa y sin enlucir, apta para entretener a un dios viajero, y donde una diosa podría arrastrar sus vestimentas. Los vientos que pasaban sobre mi morada eran como los que barrían las cadenas montañosas y portaban los acordes quebrados, o solamente las partes celestiales, de la música terrenal. El viento de la mañana sopla eternamente, el poema de la creación no se interrumpe; pero pocos son los oídos que lo oyen. El Olimpo no es sino el exterior de la tierra por todas partes.

La única casa que había poseído hasta entonces, exceptuando un barco, era una tienda que utilizaba de manera ocasional en las excursiones veraniegas y que aún guardo enrollada en mi desván; pero el barco, tras pasar de mano en mano, se ha perdido en la corriente del tiempo. Con este refugio más sólido sobre mí, había hecho ciertos progresos para establecerme en el mundo. Esa estructura, tan levemente revestida, era una suerte de cristalización alrededor de mí y reaccionaba ante el constructor. Resultaba sugerente en cierto modo, como el bosquejo de un cuadro. No necesitaba salir para tomar el aire, ya que la atmósfera en el interior no había perdido nada de su frescura. Más que en el interior, me sentaba detrás de una puerta, incluso en los días más lluviosos. El Harivamsa dice: «Una morada sin pájaros es como una carne sin sazonar». No era así mi morada, pues descubrí de repente que era vecino de los pájaros; no por haber atrapado uno, sino por haberme enjaulado junto a ellos. No solo estaba más cerca de algunos de los que suelen frecuentar el jardín y el huerto, sino también de los más salvajes y más electrizantes cantores del bosque que nunca, o rara vez, dan una serenata a un aldeano; el zorzal maculado, el zorzalito rojo, la piranga escarlata, el chingolo campestre, el chotacabras y muchos otros.

Me instalé a la orilla de una pequeña laguna, a unos dos kilómetros y medio al sur del pueblo de Concord y a una altura algo superior, en medio de un extenso bosque entre esa localidad y Lincoln, y a algo más de tres kilómetros al sur de nuestro único campo de renombre, el Campo de Batalla de Concord; pero estaba tan hundido en el bosque que la orilla opuesta, a ochocientos metros de distancia, cubierta por los árboles como el resto, era mi horizonte más lejano. Durante la primera semana, cada vez que miraba a la laguna, esta se me antojaba un lago en la ladera de una montaña, con su fondo muy por encima de la superficie de otros lagos y, cuando se levantaba el sol, la veía despojarse de su imponente vestimenta de niebla, y aquí y allá se revelaban de forma gradual sus suaves ondas o su lisa superficie reflectante, mientras las nieblas, cual fantasmas, se retiraban a hurtadillas en todas direcciones hacia los bosques, como si se disolviera un conciliábulo nocturno. El propio rocío parecía pender de los árboles hasta más tarde de lo habitual, como en las laderas de las montañas.

Ese pequeño lago era un vecino sumamente valioso en los intervalos de una suave tormenta de agosto, cuando, con el aire y el agua en perfecta calma, pero el cielo encapotado, la media tarde tenía toda la serenidad del atardecer, y el zorzal cantaba y se oía de una orilla a otra. Un lago como ese nunca está tan tranquilo como a esa hora; y al ser poco profunda y estar oscurecida por las nubes la porción de aire encima de él, el agua, llena de luz y reflejos, deviene un cielo inferior tanto más importante. Desde lo alto de un cerro cercano donde se había talado recientemente el bosque, había una agradable vista al sur a través de la laguna y de una amplia hendidura en las colinas que forman allí la orilla, donde sus laderas opuestas, inclinadas las unas hacia las otras, sugerían una corriente que fluyera en esa dirección a través de un valle boscoso, si bien no había allí corriente alguna. Dirigía yo mi mirada entre las verdes colinas cercanas y sobre ellas, hacia otras distantes y más elevadas en el horizonte, teñidas de azul. De hecho, al ponerme de puntillas, podía vislumbrar algunos de los picos de las cordilleras del noroeste, aún más azules y remotas, esas auténticas monedas de la misma ceca del cielo, y también de una parte del pueblo. Pero en otras direcciones, incluso desde aquel punto, no alcanzaba a ver más allá de los bosques que me rodeaban. Es bueno tener agua en las inmediaciones para permitir que flote la tierra. Incluso el más pequeño de los pozos posee el valor de que, al mirar en su interior, se ve que la tierra no es continental, sino insular. Eso es tan importante como que conserve fría la mantequilla. Cuando contemplaba la laguna desde ese pico hacia las praderas de Sudbury, que en tiempo de riadas se me antojaban elevadas, acaso por un espejismo en su enfurecido valle, como una moneda en una palangana, toda la tierra allende la laguna parecía una fina corteza aislada y flotaba incluso por ese pequeño manto de agua intermedia, y entonces recordaba que el asiento de mi morada no era sino *tierra seca.*

Aunque la vista desde mi puerta era todavía más reducida, no me sentía asfixiado ni confinado en absoluto. Había suficiente pasto para mi imaginación. La baja meseta de robles arbustivos a la que ascendía la orilla opuesta se extendía hacia las praderas del oeste y las estepas de Tartaria, y ofrecía un amplio espacio para todas las familias errantes de hombres. «No hay nadie más feliz en el mundo que los seres que gozan libremente de un vasto horizonte», decía Damodara cuando sus rebaños exigían nuevos y más extensos pastizales.

Tanto el espacio como el tiempo habían cambiado, y yo habitaba más cerca de esas partes del universo y de esas eras de la historia que más me habían atraído. El lugar donde vivía era tan lejano como muchas de las regiones contempladas de noche por los astrónomos. Estamos acostumbrados a imaginar lugares raros y deleitables en algún rincón remoto y más celestial del sistema, detrás de la constelación de Casiopea, lejos del ruido y las molestias. Descubrí que mi casa tenía realmente su sitio en esa región retirada del universo, pero siempre nueva y no profanada. Si merecía la pena establecerse en esas partes próximas a las Pléyades o las Híades, a Aldebarán o Altair, entonces estaba realmente allí, o a una lejanía semejante de la vida que había dejado atrás, menguado y centelleante, con un rayo tan sutil para mi vecino más próximo, y visible para él solamente en las noches sin luna. Así era la parte de la creación que yo había ocupado:

Había un pastor que vivía,
y mantenía sus pensamientos tan elevados
como los montes en los que sus rebaños
*le alimentaban a cada hora.**

¿Qué deberíamos pensar de la vida del pastor si sus rebaños siempre vagaran hacia pastos más elevados que sus pensamientos?

Cada mañana era una jovial invitación a dotar a mi vida de la misma simplicidad, y puedo decir que inocencia, que la que posee la propia naturaleza. He sido tan sincero adorador de Aurora como los griegos. Me levantaba temprano y me bañaba en la laguna; ese era un ejercicio religioso, y una de las mejores cosas que hacía. Dicen que en la bañera del rey Shāng Tāng había unos caracteres grabados a este efecto: «Renuévate completamente a diario; hazlo una y otra vez y para siempre». Lo comprendo. La mañana devuelve las edades heroicas. El leve zumbido de un mosquito en su recorrido invisible e inimaginable por mi habitación con las primeras luces del alba, mientras estaba sentado con la puerta y las ventanas abiertas, me afectaba tanto como podía hacerlo cualquier trompeta que proclamase la fama. Era el réquiem de Homero; una *Ilíada* y una *Odisea* en el aire, que cantaban su propia ira y sus andanzas. Había algo cósmico en ello; un anuncio permanente, hasta su prohibición, del eterno vigor y fertilidad del mundo. La mañana, que es el momento más memorable del día, es la

* «There was a shepherd that did live, / And held his thoughts as high / As were the mounts whereon his flocks / Did hourly feed him by». Versos iniciales de la balada anónima «The Shepherd's Love for Philliday», publicada en *The Muses Garden* (1610). *(N. del T.)*.

hora del despertar. Entonces estamos menos somnolientos; y al menos durante una hora, despierta una parte de nosotros que dormita todo el resto del día y de la noche. Poco podemos esperar del día, si cabe darle ese nombre, en el que no nos despierta nuestro genio, sino los empujoncitos mecánicos de un sirviente; no nos despiertan nuestras propias fuerzas recién adquiridas y nuestras aspiraciones internas, acompañadas por las ondulaciones de la música celestial, en lugar de las campanas de la fábrica, y no llena el aire una fragancia, de una vida superior a la de antes de caer dormidos; y de este modo da su fruto la oscuridad, y demuestra ser tan buena como la luz. El hombre que no cree que cada día contiene una hora más temprana, más sagrada y auroral que las que ya ha profanado, ha perdido toda esperanza en la vida y desciende hacia la oscuridad. Tras un cese parcial de su vida sensual, el alma del hombre, o más bien sus órganos, se revitalizan cada día, y su genio prueba de nuevo la vida noble que puede alcanzar. Debería decir que todos los acontecimientos memorables suceden en horario matinal y en una atmósfera matutina. Dicen los Vedas: «Todas las inteligencias despiertan con la mañana». La poesía y el arte, y las más justas y memorables de las acciones de los hombres, datan de esa hora. Todos los poetas y héroes, como Memnón, son los hijos de Aurora y emiten su música al alba. Para aquel cuyo elástico y vigoroso pensamiento sigue el ritmo del sol, el día es una mañana perpetua. No importa lo que digan los relojes ni las actitudes y labores de los hombres. La mañana es el periodo en que estoy despierto y hay un amanecer en mí. La reforma moral es el esfuerzo para sacudirnos el sueño. ¿Por qué los hombres dan tan pobre cuenta de su jornada si no han estado dormitando? No son tan pésimos calculadores. Si no les hubiera vencido la somnolencia, algo habrían hecho. Se cuentan por millones los despiertos para el trabajo físico, pero solo uno entre un millón está lo bastante despierto para el ejercicio intelectual efectivo, y solo uno entre cien millones para una vida poética o divina. Estar despierto es estar vivo. Nunca he conocido a un hombre que estuviera totalmente despierto. ¿Cómo podría haberle mirado a la cara?

Debemos aprender a volver a despertar y mantenernos despiertos, no por medios mecánicos, sino por una infinita expectación del amanecer, que no nos abandona ni en nuestro sueño más profundo. No conozco hecho más alentador que la incuestionable facultad del hombre para elevar su vida mediante un esfuerzo consciente. Ya es algo ser capaz de pintar un cuadro particular o esculpir una estatua, creando así unos pocos objetos bellos; pero harto más glorioso es esculpir y pintar la propia atmósfera y el medio a través del cual miramos, lo que podemos hacer moralmente. Influir en la calidad del día: esa es la más elevada de las artes. Cada hombre tiene la misión de hacer su vida, incluso en sus detalles, digna de la contemplación de su hora más elevada y crítica. Si rechazáramos o más bien agotáramos la insignificante información obtenida, los oráculos nos informarían con claridad de cómo podríamos hacerlo.

Fui a los bosques porque deseaba vivir deliberadamente, afrontar solo los hechos esenciales de la vida y ver si lograba aprender lo que esta tenía que enseñarme, y no, llegado el momento de mi muerte, descubrir que no había vivido. No deseaba vivir lo que no fuera vida, pues esta es un bien muy preciado. Tampoco quería cultivar la resignación, a menos que fuese totalmente necesario. Deseaba vivir con profundidad y sacarle todo el jugo a la vida, vivir de una forma tan rigurosa y espartana que ahuyentara todo lo que no fuera vida, abrir un amplio surco e hincar bien el arado, arrinconar la vida y reducirla a sus términos más bajos, y, si se revelaba mezquina, coger toda su genuina mezquindad y pregonarla a los cuatro vientos; o bien, si resultaba sublime, conocerla por experiencia y ser capaz de dar fiel cuenta de ella en mi próxima excursión. Y es que, a mi parecer, la mayoría de los hombres se hallan en una extraña incertidumbre al respecto, por cuanto ignoran si es cosa del diablo o de Dios, y han concluido *con cierta precipitación* que el fin primordial del hombre es «glorificar a Dios y gozar de él para siempre».

Seguimos viviendo mezquinamente como las hormigas, aunque nos cuenta la fábula que hace mucho tiempo que nos transformamos en hombres; cual pigmeos, luchamos con las grullas; es un error tras otro, una bofetada tras otra, y nuestra mejor virtud desemboca en un superfluo y evitable infortunio. Desperdiciamos nuestra vida por los detalles. Un hombre honesto apenas necesita contar más que los diez dedos de sus manos o, en casos extremos, puede añadir los diez de sus pies, y juntar el resto. ¡Simplicidad, simplicidad, simplicidad! Os exhorto a reducir a dos o tres vuestros asuntos, en lugar de un centenar o un millar; en vez de un millón, contad media docena y llevad vuestras cuentas con la uña del pulgar. En medio de este turbulento mar de la vida civilizada, son tales las nubes, las tormentas, las arenas movedizas y los mil y un elementos que han de tenerse en cuenta que un hombre tiene que vivir, so pena de irse a pique y no llegar nunca a puerto, navegando por estima, y aquel que triunfe ha de ser en efecto un gran calculador. Simplificad, simplificad. En lugar de tres comidas diarias, comed solo una si fuese menester; en vez de cien platos, basten cinco; y reducid las demás cosas en proporción. Nuestra vida se asemeja a una confederación alemana, integrada por pequeños estados, con sus fronteras siempre fluctuantes, de suerte que ni siquiera un alemán es capaz de decirnos cómo están delimitadas en un momento dado. La propia nación, con todas sus supuestas mejoras internas, que, por cierto, son todas ellas externas y superficiales, es un establecimiento inmanejable y desmesurado, atestado de muebles y atrapado en sus propias trampas, arruinado por el lujo y el gasto despreocupado, por falta de cálculo y de un objetivo digno, como sucede en millones de hogares; y la única cura tanto para ella como para estos consiste en una economía estricta, una austera y más que espartana sencillez de vida y una elevación de propósito. Vive demasiado deprisa. Los hombres piensan que es esencial que la *nación* tenga comercio, exporte hielo, hable a través de un telégrafo, circule a cincuenta kilómetros por hora, sin ninguna duda, lo hagan *ellos* o no; pero es un tanto incierto si deberíamos vivir como babuinos o como hombres. Si no conseguimos traviesas y forjamos raíles, y dedicamos días y noches al trabajo, sino que jugueteamos con nuestras *vidas* para mejorarlas, ¿quién construirá los ferrocarriles? Y si no construimos los ferrocarriles, ¿cómo llegaremos a tiempo al cielo? Ahora bien, si nos quedamos en casa y nos ocupamos de nuestros asuntos, ¿quién querrá ferrocarriles? No montamos en el ferrocarril; este monta en nosotros. ¿Habéis pensado alguna vez qué son esas traviesas sobre las que descansa el ferrocarril? Cada una de ellas es un hombre, un irlandés o un yanqui. Los raíles se colocan sobre ellas y se cubren de arena, y los vagones circulan suavemente sobre ellas. Son firmes, os lo aseguro. Y cada pocos años se coloca un lote nuevo y se circula por encima de ellas; por tanto, si algunos tienen el placer de montar en un tren, otros tienen la desgracia de ser montados por él. Y cuando pasan por encima de un hombre que camina en sueños, una traviesa supernumeraria en la posición equivocada, y lo despiertan, detienen de repente los vagones y arman un revuelo, como si se tratase de una excepción. Me alegra saber que hace falta una cuadrilla de hombres cada ocho kilómetros para mantener niveladas las traviesas en sus lechos, ya que eso es señal de que pueden volver a levantarse.

¿Por qué habríamos de vivir con tanta prisa y desperdicio de vida? Estamos decididos a pasar hambre antes de estar hambrientos. Dicen los hombres que una puntada a tiempo ahorra nueve, de modo que dan mil puntadas hoy a fin de ahorrar nueve mañana. En cuanto al *trabajo*, no tenemos ninguno de importancia. Tenemos el baile de san Vito y somos incapaces de mantener la cabeza quieta. Si diera unos pocos tirones de la cuerda de la campana parroquial, como para alertar de un fuego, no habría un solo hombre en su granja en los alrededores de Concord, a pesar de la presión de los compromisos que tantas veces les ha servido de excusa esa mañana, ni un niño, ni una mujer, casi podría decir, que no lo dejara todo para seguir ese sonido, no principalmente para salvar la propiedad de las llamas, sino, si confesamos la verdad, mucho más para verla arder como merece, y que conste que nosotros no le hemos prendido fuego; o para ver cómo se apaga y echar una mano con generosidad; sí, incluso si se tratara de la propia iglesia parroquial. Un hombre se echa una siesta de apenas media hora después de comer, pero cuando despierta levanta la cabeza y pregunta: «¿Qué nuevas tenemos?», como si el resto de la humanidad fuera su centinela. Algunos dan instrucciones con el único propósito de que los despierten cada media hora; y luego, como recompensa, cuentan lo que han soñado. Después del sueño nocturno, las noticias son tan indispensables como el desayuno. «Por favor, contadme cualquier novedad que le haya ocurrido a un hombre en cualquier lugar de este planeta», y, mientras toma su café y sus panecillos, lee que a un hombre le han arrancado los ojos esta mañana en el río Wachito; sin imaginarse nunca que vive en la oscura e insondable cueva del mamut de este mundo y que él mismo no tiene sino el rudimento de un ojo.

Por mi parte, podría prescindir con facilidad de la oficina de correos. Pienso que son muy escasas las comunicaciones importantes que se realizan a través de ella. Por hablar críticamente, nunca en mi vida he recibido más de una o dos cartas —escribí esto hace unos años— que valiesen el franqueo. El correo de a centavo suele ser una institución a través de la cual se ofrece en serio a un hombre ese centavo por sus pensamientos que tan a menudo se le ofrece en broma. Y estoy seguro de que nunca he leído ninguna noticia memorable en un periódico. Si leemos que a un hombre le han robado, o asesinado, o matado por accidente, o que se ha quemado una casa, o que ha naufragado un barco, o que ha explotado un vapor, o que una vaca ha sido atropellada por el ferrocarril del oeste, o que han sacrificado a un perro rabioso, o que ha habido una plaga de saltamontes en invierno, ya no necesitamos leer nada más. Es suficiente con una noticia. Si estáis familiarizados con el principio, ¿qué os importa una miríada de ejemplos y aplicaciones? Para el filósofo, todas las supuestas *noticias* son cotilleos, y quienes las editan y las leen son ancianas que toman el té. No obstante, no son pocos los que codician esos chismes. Al parecer, el otro día había tal ajetreo en las oficinas para conocer las noticias recientes del exterior que por la presión se rompieron varias hojas de vidrio de gran tamaño; noticias que, creo de veras, una mente ágil podría haber escrito con suficiente precisión con doce meses o doce años de antelación. Con respecto a España, por ejemplo, si sabéis cómo introducir de vez en cuando, en las proporciones adecuadas, a don Carlos y a la infanta, y a don Pedro, Sevilla y Granada —puede que hayan cambiado un poco los nombres desde que veía los periódicos—, y servir una corrida de toros a falta de otros entretenimientos, será fiel a la letra y nos dará una idea tan buena del ruinoso estado de las cosas en España como los más sucintos y lúcidos reportajes de los periódicos bajo ese encabezamiento. Y en cuanto a Inglaterra, prácticamente la última noticia significativa de esos lares fue la revolución de 1649; y si habéis aprendido la historia anual de sus cosechas en un promedio anual, no necesitáis volver a prestarle atención, a menos que vuestras especulaciones sean de carácter meramente pecuniario. Si se puede juzgar a alguien que rara vez examina los periódicos, nunca sucede nada nuevo en el extranjero, sin exceptuar una revolución francesa.

¡Qué nuevas! ¡Cuánto más importante es conocer lo

que nunca ha sido viejo! «Kieou-he-yu (alto dignatario del estado de Wei) envió a un hombre a Khoung-tseu para conocer sus noticias. Khoung-tseu hizo sentarse al mensajero junto a él y lo interrogó en estos términos: "¿Qué está haciendo tu amo?". El mensajero le respondió con respeto: "Mi amo desea disminuir el número de sus defectos, pero estos son interminables". Cuando el mensajero se hubo marchado, el filósofo observó: "¡Qué digno mensajero! ¡Qué digno mensajero!"». El predicador, en lugar de turbar los oídos de los granjeros somnolientos en su día de descanso al final de la semana —pues el domingo es la conclusión adecuada de una semana malgastada, y no el nuevo y valeroso comienzo de una nueva— con un sermón sobre este o aquel zarrapastroso, debería gritar con voz atronadora: «¡Alto! ¡Deteneos! ¿Por qué esa aparente velocidad, pero esa mortal lentitud?».

Las farsas y los engaños se consideran las verdades más sólidas, mientras que la realidad es fabulosa. Si los hombres observaran constantemente solo las realidades, y no se dejaran engañar, la vida, por compararla con las cosas que conocemos, sería como un cuento de hadas y de *Las mil y una noches.* Si respetáramos solo lo que es inevitable y tiene derecho a existir, resonarían por las calles la música y la poesía. Cuando procedemos sin prisa y con sabiduría, percibimos que solo las cosas grandes y valiosas poseen una existencia permanente y absoluta; que los pequeños temores y placeres no son sino la sombra de la realidad. Esta es siempre estimulante y sublime. Al cerrar los ojos y dormitar, y consentir ser engañados por las apariencias, los hombres establecen y confirman por doquier su vida cotidiana de rutinas y hábitos que, sin embargo, está construida sobre cimientos puramente ilusorios. Los niños, que juegan a la vida, disciernen sus auténticas leyes y relaciones con más claridad que los hombres, que no aciertan a vivirla dignamente, sino que se creen más sabios por la experiencia, es decir, por el fracaso. He leído en un libro hindú que «el hijo de un rey, al haber sido expulsado en su infancia de su ciudad natal, fue criado por un guardabosques y, al llegar a la madurez en ese estado, se imaginaba que pertenecía a la raza bárbara con la que vivía. Uno de los ministros de su padre lo descubrió, le reveló quién era y disipó la idea errónea sobre su carácter, con lo que descubrió que era un príncipe. Del mismo modo, el alma —prosigue el filósofo hindú—, en virtud de las circunstancias en las que se encuentra, confunde su propio carácter, hasta que algún maestro sagrado le revela la verdad, y entonces descubre que es Brahma». Observo que los habitantes de Nueva Inglaterra vivimos esta existencia mezquina porque nuestra visión no penetra la superficie de las cosas. Creemos que algo *es* lo que *parece* ser. Si un hombre caminara por esta ciudad y viera solo la realidad, ¿dónde pensáis que iría a parar la Presa del Molino? Si nos relatase las realidades que allí contemplara, no reconoceríamos el sitio en su descripción. Mirad una casa de reuniones, o un palacio de justicia, o una cárcel, o una tienda, o una vivienda, y decid lo que realmente son para una mirada auténtica, y se harán añicos en vuestra descripción de ellos. Los hombres consideran remota la verdad, en las afueras del sistema, detrás de la estrella más lejana, antes de Adán y después del último hombre. En la eternidad hay, en efecto, algo verdadero y sublime. Pero todos estos tiempos, lugares y ocasiones están aquí y ahora. Dios mismo culmina en el momento presente y jamás será más divino en el transcurso de todas las épocas. Y somos capaces de aprehender lo que es sublime y noble solo mediante la instilación y el empapamiento de la realidad que nos rodea. El universo responde constante y obedientemente a nuestras concepciones; viajemos deprisa o despacio, el camino está dispuesto para nosotros. Dediquemos, pues, nuestra vida a concebirlo. El poeta o el artista nunca habían tenido un designio tan hermoso y noble que al menos alguno de sus descendientes no pudiera cumplir.

Pasemos un día tan deliberadamente como la naturaleza, y que no nos aparten del camino cada cáscara de nuez y cada ala de mosquito que caiga sobre los raíles. Levantémonos temprano y ayunemos, o rompamos el ayuno, con suavidad y sin perturbación; dejemos que la compañía vaya y venga, dejemos que suenen las campanas y griten los niños, decididos a tejer un día con estas mimbres. ¿Por qué habríamos de rendirnos y seguir la corriente? Que no nos moleste ni nos abrume ese terrible rápido y remolino llamado comida, situado en los bajíos meridianos. Capead ese peligro y estaréis a salvo, ya que el resto del camino es cuesta abajo. Con los nervios tensos, con vigor matinal, sorteadlo mirando hacia otro lado, atados al mástil como Ulises. Si la locomotora silba, dejadla silbar hasta que enronquezca de dolor. Si suena la campana, ¿por qué habríamos de correr? Consideraremos a qué clase de música se asemejan. Asentémonos, trabajemos y afiancemos nuestros pies en el barro y el fango de la opinión, el prejuicio, la tradición, el engaño y la apariencia, ese aluvión que cubre el globo a través de París y Londres, de Nueva York, Boston y Concord, a través de la Iglesia y el Estado, a través de la poesía, la filosofía y la religión, hasta que lleguemos a un fondo duro y rocoso que podamos llamar *realidad*, y digamos: esto es, y no cabe el error; y luego, con un *point d'appui*, bajo crecidas, escarcha y fuego, hallemos un lugar donde podamos construir un muro o fundar un estado, o instalar una farola, o quizá un indicador, no un nilómetro, sino un realómetro, de suerte que las épocas futuras conozcan la profundidad de la crecida de farsas y apariencias de cuando en cuando. Si os mantenéis firmes frente a un hecho, veréis brillar el sol por sus dos lados, cual si de una cimitarra se tratara, y sentiréis que su dulce filo os atraviesa el corazón y la médula, y de ese modo concluiréis felizmente vuestra carrera mortal. Sea vida o muerte, solo anhelamos la realidad. Si de veras nos estamos muriendo, oigamos el estertor en nuestras gargantas y sintamos el frío en las extremidades; si estamos vivos, ocupémonos de nuestros asuntos.

El tiempo no es más que la corriente en la que voy a pescar. Bebo en ella; pero mientras bebo, veo el lecho arenoso y reparo en lo poco profundo que es. Su leve corriente se desliza, pero la eternidad permanece. Desearía beber en lo más profundo; pescar en el cielo, cuyo fondo está empedrado de estrellas. No puedo contar ninguna. No conozco la primera letra del alfabeto; nunca he cesado de lamentar no ser tan sabio como el día en que nací. El intelecto es un machete; discierne y penetra en el secreto de las cosas. No deseo estar más ocupado de lo necesario con mis manos. Mi cabeza es manos y pies. Siento todas mis mejores facultades concentradas en ella. Mi instinto me dice que mi cabeza es un órgano para excavar, al igual que algunas criaturas utilizan su hocico y sus patas delanteras, y con ella excavaría mi camino a través de estas colinas. Creo que el filón más rico está en las inmediaciones; así pues, juzgo por la varita de zahorí y los finos vapores ascendentes; y aquí comenzaré a minar.

CONCLUSIÓN

(pasajes seleccionados)

Dejé los bosques por un motivo tan bueno como el que me condujo a ellos. Tal vez me pareciese que tenía por delante varias vidas más y no podía continuar dedicando tiempo a aquella. Resulta sorprendente la facilidad e insensibilidad con las que caemos en una ruta particular y la convertimos en un camino trillado para nosotros. Apenas llevaba allí una semana y mis pies ya habían trazado una senda desde la puerta de mi casa hasta la orilla de la laguna; y aunque hace ya cinco o seis años que no la recorro, sigue siendo bastante perceptible. Cierto es que temo que otros puedan haberla seguido, y contribuido así a mantenerla despejada. La superficie de la tierra es blanda e impresionable por las pisadas de los hombres, y otro tanto sucede con las sendas que recorre la mente. ¡Qué gastadas y polvorientas, pues, deben de estar las carreteras del mundo!, ¡qué profundos los surcos de la tradición y la conformidad! Yo no deseaba viajar en un camarote, sino al pie del mástil y en la cubierta del mundo, pues ahí podía ver mejor la luz de la luna entre las montañas. Ahora no quiero ir hacia abajo.

Con mi experimento, aprendí al menos que quien avance con confianza en la dirección de sus sueños y se esfuerce para vivir la vida que haya imaginado hallará un éxito inesperado en las horas comunes. Dejará atrás ciertas cosas y traspasará una frontera invisible; empezarán a establecerse leyes nuevas, universales y más liberales, a su alrededor y dentro de él; o bien las viejas leyes se ampliarán y se interpretarán a su favor en un sentido más liberal, y vivirá con la licencia de un orden superior de seres. A medida que simplifique su vida, las leyes del universo se antojarán menos complejas, y la soledad no será soledad, ni pobreza la pobreza, ni debilidad la debilidad. Si habéis construido castillos en el aire, vuestro trabajo no tiene por qué perderse; está donde debería estar. Poned ahora debajo los cimientos.

¿Por qué habríamos de precipitarnos con tanta desesperación para triunfar en tan desesperadas empresas? Si un hombre no sigue el ritmo de sus compañeros, tal vez sea porque oye un tambor diferente. Dejémosle caminar al compás de la música que escucha, por distinto que sea su ritmo o por distante que suene.

La vida en nosotros es como el agua en el río. Podría crecer este año más de lo que el hombre jamás ha conocido, e inundar las resecas tierras altas. Incluso podría ser este el año memorable en el que se ahoguen todas nuestras ratas almizcleras. No siempre ha sido seca la tierra que habitamos. Veo hacia el interior las orillas que la corriente bañaba antiguamente, antes de que la ciencia comenzara a registrar sus crecidas. Todo el mundo ha escuchado la historia, que ha circulado por Nueva Inglaterra, de un fuerte y hermoso insecto que salió del tablero seco de una vieja mesa de madera de manzano, que llevaba sesenta años en la cocina de un granjero, primero en Connecticut y después en Massachusetts, de un huevo depositado en el árbol vivo muchos años atrás, como revelaron las capas anuales a su alrededor. Lo oyeron roer durante varias semanas, tal vez incubado por el calor de una tetera. ¿Quién no siente fortalecida su fe en la resurrección y la inmortalidad al oír esto? ¡Quién sabe qué hermosa y alada vida —cuyo huevo lleva una eternidad enterrado bajo muchos anillos de crecimiento en la vida seca y muerta de la sociedad, depositado al principio en la albura del árbol verde y vivo, y convertido gradualmente en la semblanza de su tumba bien curada, que tal vez la asombrada familia del hombre oye roer desde hace años al sentarse en torno a la mesa festiva— podría surgir inesperadamente de entre el mobiliario más trivial y usado de la sociedad, para gozar por fin de su perfecta vida estival!

No digo que John y Jonathan se percaten de todo esto, pero tal es el carácter de la mañana que el mero transcurso del tiempo nunca puede hacer que amanezca. La luz que ofusca nuestra vista es oscuridad para nosotros. Solo amanece el día para el que estamos despiertos. Quedan más días para amanecer. El sol no es más que una estrella matutina.

CAMINAR
(1862)

Desearía decir unas palabras en favor de la naturaleza, la libertad absoluta y el estado salvaje, en contraste con una libertad y una cultura meramente civiles; considerar al hombre como habitante e integrante de la naturaleza, más que como miembro de la sociedad. Quiero hacer una declaración radical, con todo el énfasis que se me permita, pues ya hay suficientes paladines de la civilización: de ello se encargarán el clérigo, el consejo escolar y cada uno de vosotros.

En el transcurso de mi vida no me he topado con más de una o dos personas que comprendieran el arte de caminar, es decir, de hacer caminatas; que tuvieran un don especial, por así decirlo, para esa deambulación tranquila que llamamos *sauntering*, una hermosa palabra derivada «de la gente ociosa que vagabundeaba por el campo en la Edad Media y pedía limosna, bajo el pretexto de ir *à la Sainte Terre*», a Tierra Santa, de suerte que los niños exclamaban: «¡Ahí va un *Sainte-Terrer*», un *Saunterer*, un Tierra-santero. Aquellos que nunca van a Tierra Santa en sus caminatas, como pretenden hacer creer, son en realidad meros ociosos y vagabundos; pero quienes allí se dirigen son *saunterers* en el buen sentido de paseantes tranquilos que yo doy al término. Algunos, sin embargo, derivarían la palabra de *sans terre*, sin tierra ni hogar, lo que por consiguiente significará, en el buen sentido, que no tienen ningún hogar en particular, sino que se sienten igualmente en casa en todas partes. Y es que ese es el secreto del fértil deambular. Quien permanece sentado en casa todo el tiempo puede ser el mayor vagabundo de todos; pero el paseante en el buen sentido del término no es más vagabundo que el río serpenteante, que no cesa de buscar con diligencia el curso más corto hasta el mar. Pero yo prefiero la primera etimología, que, desde luego, es la más probable. Y es que cada caminata es una suerte de cruzada, predicada en nuestro interior por algún Pedro el Ermitaño, para seguir adelante y reconquistar esa Tierra Santa de las manos de los infieles.

Cierto es que hoy en día no somos sino cruzados pusilánimes, incluidos los caminantes, que no perseveramos en empresas interminables. Nuestras expediciones son simples excursiones, y regresamos al atardecer al viejo hogar del que partimos. La mitad de la caminata consiste en volver sobre nuestros pasos. Tal vez deberíamos prolongar incluso el más breve de los paseos, con el espíritu de la aventura imperecedera, para no regresar jamás; preparados para devolver nuestro corazón embalsamado solo como reliquia a nuestros desolados reinos. Si estás dispuesto a dejar a tu padre y a tu madre, a tu hermano y a tu hermana, a tu esposa, a tu hijo y a tus amigos, para nunca volver a verlos, si has saldado tus deudas, has hecho tu testamento, has arreglado todos tus asuntos y eres un hombre libre, entonces estás preparado para una caminata.

Por limitarme a mi propia experiencia, mi compañero y yo, pues a veces tengo un compañero, disfrutamos imaginándonos caballeros de una nueva o más bien de una vieja orden: no somos jinetes de ninguna orden ecuestre, sino caminantes, una categoría más antigua y honorable todavía a mi parecer. El espíritu caballeresco y heroico que antaño pertenecía al jinete parece residir ahora en el caminante, o acaso haber descendido sobre él; no en el caballero, sino en el caminante, en el errante. Este es una especie de cuarto estado, junto con la Iglesia, el Estado y el pueblo.

Hemos advertido que somos casi los únicos en practicar este noble arte por estos lares; aunque, a decir verdad, si hemos de dar crédito a sus aseveraciones, la mayoría de mis conciudadanos caminarían de buena gana de vez en cuando como yo hago, pero no pueden. No hay riqueza que pueda comprar el tiempo libre, la libertad y la independencia requeridos, que son el capital en esta profesión. Este solo se logra por la gracia de Dios. Para llegar a ser caminante se requiere un designio directo del cielo. Es preciso haber nacido en la familia de los caminantes. *Ambulator nascitur, non fit.* Cierto es que algunos de mis conciudadanos recuerdan y han descrito algunas caminatas que dieron hace diez años, en las que tuvieron la dicha de perderse durante media hora en los bosques; pero sé muy bien que desde entonces se limitan a la carretera, sean cuales fueren sus pretensiones de pertenecer a esta selecta clase. Sin duda se sintieron exaltados por un momento al rememorar un previo estado de existencia, en el que fueron habitantes de los bosques y forajidos.

Al llegar al verde bosque
una alegre mañana,
escuchó las breves notas
del alegre cántico de las aves.
Lejos queda, dijo Robin,
la última vez que estuve aquí;
un cierto anhelo siento
*de flechar al ciervo pardo.**

Creo que yo no puedo preservar mi salud y mi ánimo a no ser que pase al menos cuatro horas diarias (que suelen ser más) paseando por los bosques, las colinas y los campos, absolutamente libre de todos los compromisos mundanos. Podéis decirme sin problema que daríais lo que fuera por saber en qué estoy pensando. Cuando a veces recuerdo que los mecánicos y los comerciantes se pasan en sus establecimientos no solo toda la mañana, sino también la tarde entera, muchos de ellos sentados con las piernas cruzadas —como si las piernas estuvieran hechas para sentarse y no para estar de pie y caminar—, pienso que son dignos de elogio por no haberse suicidado hace mucho tiempo.

* «When he came to grene wode, / In a mery mornynge, / There he herde the notes small / Of byrdes mery syngynge. // It is ferre gone, sayd Robyn, / That I was last here; / Me lyste a lytell for to shote / At the donne dere». Estrofas 445 y 446 de *A Gest of Robyn Hode,* balada medieval que canta las aventuras de Robin Hood. *(N. del T.).*

Yo, que no puedo permanecer en mi cuarto ni un solo día sin oxidarme un poco, y que cuando a veces he robado tiempo para salir a caminar a última hora —a las cuatro de la tarde, demasiado tarde para redimir el día, cuando las sombras de la noche comenzaban ya a mezclarse con la luz— me he sentido como si hubiera cometido algún pecado que debiera expiar, confieso que estoy estupefacto por la capacidad de resistencia, por no mencionar la insensibilidad moral, de mis vecinos que se confinan todo el día en tiendas y oficinas, durante semanas y meses, y hasta años. No sé de qué pasta están hechos, ahí sentados a las tres de la tarde como si fueran las tres de la mañana. Bonaparte podía hablar del coraje de las tres de la madrugada, pero eso no es nada comparado con el valor de quien se sienta alegremente a esa hora de la tarde frente a frente con uno mismo, con quien ha pasado toda la mañana, para hacer morir de hambre a una guarnición a la que se halla ligado por tan estrechos vínculos de simpatía. Me extraña que hacia esa hora, digamos que entre las cuatro y las cinco de la tarde, demasiado tarde para los periódicos matutinos y demasiado temprano para los vespertinos, no se oiga ninguna explosión general por toda la calle que esparza a los cuatro vientos una legión de ideas y caprichos anticuados y domésticos a fin de que el mal se cure a sí mismo.

No sé cómo lo resisten las mujeres, confinadas en casa más aún que los hombres, pero tengo motivos para sospechar que la mayoría de ellas no lo *resisten* en absoluto. A primera hora de una tarde de verano, mientras nos sacudimos el polvo de la aldea de los faldones de nuestro traje y pasamos presurosos por esas casas de fachadas puramente dóricas o góticas, que poseen un cierto aire de reposo, mi compañero me susurra que probablemente a esas horas todos sus ocupantes se habrán ido ya a la cama. Es entonces cuando aprecio la belleza y la gloria de la arquitectura, que nunca se acuesta, sino que siempre se mantiene firme y erguida, velando por los durmientes.

No cabe duda de que el temperamento, y sobre todo la edad, tienen mucho que ver con ello. A medida que envejece un hombre, aumenta su capacidad para permanecer quieto y entregarse a ocupaciones caseras. Se va tornando vespertino en sus costumbres conforme se acerca el atardecer de su vida, hasta que al final solo sale justo antes del ocaso y concentra en media hora todo el caminar que necesita.

Ahora bien, el caminar del que hablo no se asemeja en lo más mínimo a lo que se conoce como hacer ejercicio —como el enfermo toma sus medicinas a las horas establecidas, como el levantamiento de pesas o el balanceo en el columpio—, sino que es en sí mismo la empresa y la aventura del día. Quien quiera ejercitarse, que vaya en busca de las fuentes de la vida. ¡Imaginemos a un hombre que levanta pesas para su salud, cuando esas fuentes borbotean en remotas praderas que nunca buscará!

Además, uno ha de caminar como un camello, del que se dice que es el único animal que rumia mientras anda. Cuando un viajero pidió a la criada de Wordsworth que le enseñara el estudio de su señor, ella contestó: «Aquí está la biblioteca, pero su estudio está al aire libre».

Vivir mucho al aire libre, al sol y al viento, producirá sin duda una cierta aspereza de carácter; hará que crezca una cutícula más gruesa sobre algunas de las cualidades más refinadas de nuestra naturaleza, al igual que sobre el rostro y las manos, o como el trabajo manual duro priva a las manos de algo de la delicadeza de su tacto. Por otro lado, quedarse en casa puede producir una suavidad y tersura, por no decir delgadez de la piel, acompañadas por el aumento de la sensibilidad a ciertas impresiones. Quizá seríamos más susceptibles a ciertas influencias importantes para nuestro crecimiento intelectual y moral si el sol hubiera brillado y el viento soplado sobre nosotros un poco menos; y no cabe duda de que sería meritorio lograr la proporción adecuada entre la piel gruesa y la fina. Pero, a mi parecer, esa costra no tardará en desprenderse; el remedio natural se hallará en la proporción entre la noche y el día, el invierno y el verano, el pensamiento y la experiencia. Habrá mucho más aire y sol en nuestros pensamientos. Las palmas callosas del trabajador están versadas en más finos tejidos de autorrespeto y heroísmo, cuyo tacto estremece el corazón, que los dedos lánguidos de la ociosidad. Lo que yace en la cama todo el día y se considera blanco es mera sensiblería, lejos del bronceado y el callo de la experiencia.

Cuando caminamos, nos dirigimos naturalmente a los campos y los bosques. ¿Qué sería de nosotros si camináramos solo en un jardín o un bulevar? Incluso algunas sectas de filósofos han sentido la necesidad de atraer los bosques hacia ellos, ya que ellos mismos no iban a los bosques. «Plantaron arboledas y alamedas de plátanos» donde daban *subdiales ambulationes* [paseos al aire libre] por pórticos descubiertos. Huelga decir que de nada nos sirve dirigir nuestros pasos hacia los bosques si estos no nos llevan hacia allí. Me alarmo cuando mi cuerpo se adentra un kilómetro en el bosque sin que lo acompañe mi espíritu. En mi caminata de la tarde olvido de buena gana todas mis ocupaciones matutinas y mis obligaciones para con la sociedad. Pero a veces me ocurre que no puedo zafarme fácilmente del pueblo. No dejo de darle vueltas en mi cabeza a alguna faena y no estoy donde mi cuerpo, sino fuera de mí. De buen grado regreso a mí mismo en mis paseos. ¿Qué pinto yo en el bosque si mi cabeza está fuera de él? Sospecho de mí mismo, y no puedo evitar un estremecimiento, cuando me descubro tan implicado incluso en lo que llamamos buenas obras, lo cual puede sucederme en ocasiones.

Mi entorno me brinda muchas buenas caminatas; y aunque llevo tantos años caminando casi a diario, y a veces durante varios días consecutivos, no las he agotado todavía. Una perspectiva absolutamente nueva supone una enorme felicidad y aún está a mi alcance una tarde cualquiera. Una caminata de dos o tres horas me conducirá hasta un paraje totalmente desconocido. Una sola granja que no haya visto antes es a veces tan buena como los dominios del rey de Dahomey. De hecho, impera una suerte de armonía reconocible entre las posibilidades que brinda el paisaje en quince kilómetros a la redonda, o dentro de los límites de una caminata vespertina y los setenta años de la vida humana. Nunca llegará a resultarte todo familiar.

Hoy en día, casi todos los llamados avances humanos, como la construcción de casas y la tala del bosque y de todos los árboles grandes, deforman simplemente el paisaje y lo tornan cada vez más insulso y ordinario. ¡Un pueblo que comenzara por quemar las cercas y dejar en pie el bosque! Vi los cercados medio consumidos, con sus extremos perdidos en medio de la pradera, y a algún avaro mundano con un agrimensor cuidando de sus lindes, mientras el cielo había descendido en su derredor y él no reparaba en los ángeles que andaban de acá para allá, absorto en su búsqueda de un viejo hoyo de poste en medio del paraíso. Volví a mirar y lo vi en pie en medio de una cenagosa laguna estigia, rodeado de demonios, y sin duda había encontrado sus lindes, tres piedrecitas donde había estado clavada una estaca; y, al mirarlo más de cerca, vi que el príncipe de las tinieblas era su agrimensor.

Puedo caminar diez, quince, veinte o cualquier número de kilómetros desde mi propia puerta, sin pasar por ninguna casa, sin cruzar ninguna carretera excepto donde lo hacen el zorro y el visón: primero a lo largo del río y luego del arroyo, y a continuación la pradera y los límites del bosque. Hay en mi comarca kilómetros cuadrados totalmente deshabitados. Desde muchos cerros puedo contemplar de lejos la civilización y las moradas humanas. Los granjeros y sus labores apenas son más visibles que las marmotas y sus madrigueras. El hombre y sus asuntos, la Iglesia, el Estado y la escuela, la industria y el comercio, las manufacturas y la agricultura, incluso la política —el más alarmante de todos los menesteres—, me complace ver qué poco espacio ocupan en el paisaje. La política no es más que un campo estrecho, y a ella conduce esa carretera de allí aún más angosta, a la que a veces dirijo al viajero. Si deseas ir al mundo de la política, sigue la gran carretera; sigue al mercader, trágate el polvo que levante y te conducirá directamente a él. Pues también ese mundo tiene su sitio limitado y no ocupa todo el espacio. Yo paso junto a él como por un campo de judías camino del bosque y luego lo olvido. En media hora puedo caminar hasta un rincón de la superficie terrestre donde ningún hombre ha puesto el pie de un año para otro, y allí, por consiguiente, no existe la política, pues esta no es más que el humo del cigarro de un hombre.

El pueblo es el lugar al que conducen los caminos, una suerte de expansión de la carretera, como un lago respecto de un río. Es el cuerpo cuyos brazos y piernas son los caminos, una encrucijada de tres o cuatro rutas, el lugar de paso y la fonda de los viajeros. La palabra viene del latín *villa*, que junto con *via*, camino, o más antiguamente *ved* y *vella*, Varrón hace derivar de *veho*, llevar, porque la *villa* es el lugar adonde se llevan las cosas y desde donde se traen. La actividad de aquellos que se ganaban la vida con el transporte de mercancías se designaba como *vellaturam facere*. De ahí procede asimismo el vocablo latino *vilis* y nuestro *vil*, también *villano*. Esto sugiere a qué clase de degeneración están expuestos los aldeanos. Sin viajar ellos mismos, están fatigados por los viajes que pasan a través y por encima de ellos.

Unos no caminan en absoluto; otros caminan por las carreteras; unos pocos atraviesan fincas. Las carreteras están hechas para los caballos y los hombres de negocios. Yo viajo por ellas relativamente poco, porque no tengo prisa para llegar a ninguna taberna, tienda de comestibles, caballeriza o almacén al que conduzcan. Soy un buen caballo para viajar, pero lo mío no son las carreteras. El pintor paisajista utiliza figuras humanas para marcar un camino. Mi figura no podría usarla. Yo salgo a caminar por una naturaleza como la que recorrían los viejos profetas y poetas: Manu, Moisés, Homero o Chaucer. Podemos llamarla

América, pero no es América. Ni Américo Vespucio ni Colón ni el resto fueron sus descubridores. Hay un relato más verídico de ella en la mitología que en cualquiera de las llamadas historias de América que yo conozco.

No obstante, hay unas cuantas viejas carreteras que puede ser provechoso recorrer, como si condujeran a alguna parte ahora que están prácticamente abandonadas. Está la Vieja Carretera de Marlborough, que ya no conduce a Marlborough, a mi parecer, a menos que sea Marlborough el lugar adonde me lleve. Me atrevo a hablar aquí de ella, porque presumo que habrá un par de carreteras como esta en cada localidad.

LA VIEJA CARRETERA DE MARLBOROUGH

Donde una vez cavaron en busca de fortuna,
mas nunca hallaron nada;
donde a veces las huestes marciales
y Elijan Wood
marchaban en fila,
temo que en vano:
ya nadie queda,
salvo perdices y conejos
y Elisha Dugan,
hombre de hábitos salvajes,
sin más preocupación
que colocar trampas,
que vive en soledad,
cerca de lo esencial,
donde la vida es más dulce
y pródiga en manjares.

Cuando la primavera me remueve la sangre
con el instinto viajero,
me sacio de grava
en la Vieja Carretera de Marlborough.
Nadie la repara,
pues nadie la desgasta.
Es un camino viviente,
como dicen los cristianos.
No hay muchos
que en ella se adentren,
solo los invitados
de Quin el Irlandés.
¿Qué otra cosa puede ser
sino un camino de salida
y la mera posibilidad
de llegar a alguna parte?
Grandes hitos de piedra,
pero ningún viajero;
cenotafios de ciudades
con nombres en sus coronas.
Conviene acercarse a ver
dónde podrías estar.
Todavía me pregunto
qué rey hizo todo aquello,
cómo o cuándo se erigió
y qué ediles se encargaron,
¿Gourgas o Lee?,
¿Clark o Darby?
Considerable es su empeño
en dejar legado eterno;
lápidas pétreas en blanco,

donde pueda quejarse el viajero,
y en una sola frase
grabar todo lo sabido;
que otros puedan leer
en caso de extrema necesidad.
Conozco yo un par de líneas
que serían apropiadas,
literatura que podría perdurar
por todo el país,
que un hombre podría recordar
hasta el próximo diciembre,
y volver a leer en primavera,
tras el deshielo.
Si con la fantasía desplegada
abandonas tu morada,
puedes dar la vuelta al mundo
por la Vieja Carretera de Marlborough.

Hoy por hoy, en esta comarca, la mejor parte de la tierra no es propiedad privada; a nadie pertenece el paisaje, y el caminante disfruta de una relativa libertad. Pero posiblemente llegue el día en que se divida en lo que suele llamarse áreas de recreo, que acabarán sirviendo para el recreo exclusivo de unos pocos. Se multiplicarán las cercas y se inventarán cepos y otros artilugios para confinar a los hombres a la vía *pública,* y caminar por la superficie de la tierra de Dios se interpretará como una violación de las propiedades de algún caballero. Disfrutar en exclusiva de algo suele implicar autoexcluirse del auténtico disfrute de ello. Así pues, mejoremos nuestras oportunidades antes de que lleguen los malos tiempos.

¿Qué es lo que hace tan difícil a veces determinar adónde caminaremos? Creo que existe un sutil magnetismo en la naturaleza que, si cedemos ante él, nos dirigirá correctamente. No es indiferente el camino que tomemos. Existe un camino correcto; sin embargo, la negligencia y la estupidez nos hacen susceptibles de tomar el camino equivocado. De buena gana tomaríamos ese camino por este mundo real, nunca hollado por nosotros hasta ahora, que simboliza a la perfección la senda que nos encantaría recorrer en el mundo interior e ideal; y a veces, sin duda, nos resulta difícil escoger nuestra dirección, porque no tenemos una idea nítida al respecto.

Cuando salgo de casa para una caminata, sin saber todavía hacia dónde dirigir mis pasos, y dejo que mi instinto decida por mí, descubro que, por extraño y caprichoso que parezca, acabo por dirigirme inevitablemente hacia el sudoeste, hacia algún bosque, pradera, pastizal o cerro desierto particular en esa dirección. A mi brújula le cuesta fijarse: varía unos pocos grados y es cierto que no siempre apunta al sudoeste, y esta oscilación obedece a criterios fundados, pero siempre se fija entre el oeste y el sudoeste. El futuro me aguarda en esa dirección, y la tierra se me antoja menos agotada y más rica por ese lado. El contorno que limitaría mis caminatas no sería un círculo, sino una parábola, o más bien algo semejante a una de esas órbitas cometarias que se han considerado curvas de no retorno, en este caso abierta hacia el oeste, en la que mi casa ocupa el lugar del sol. En ocasiones doy vueltas y más vueltas vacilante durante un cuarto de hora, hasta que, por enésima vez, decido caminar hacia el sudoeste o hacia el oeste. Solo a la fuerza pongo rumbo al este; en cambio, hacia el oeste voy libremente. Allí no me lleva negocio alguno. Me cuesta creer que vaya a encontrar bellos paisajes o suficiente naturaleza salvaje y libertad allende el horizonte oriental. No me entusiasma la perspectiva de una caminata hacia allí. En cambio, creo que el bosque que veo en el horizonte occidental se extiende de modo ininterrumpido hacia el sol poniente, y no hay en él pueblos ni ciudades de suficiente entidad para perturbarme. Dejadme vivir donde desee. Si en este lado está la ciudad y en aquel otro la naturaleza salvaje, cada vez estaré más deseoso de dejar la ciudad y retirarme a la naturaleza. No haría tanto hincapié en este asunto si no creyera que la tendencia prevalente en mis paisanos es algo semejante. Debo caminar hacia Oregón y no hacia Europa. Y en esa dirección se desplaza la nación, y puedo decir que la humanidad progresa de este a oeste. En unos cuantos años hemos asistido al fenómeno de una migración hacia el sudeste, en la colonización de Australia; pero esto nos afecta como un movimiento retrógrado y, a juzgar por el carácter moral y físico de la primera generación de australianos, no se ha revelado todavía un experimento exitoso. Los tártaros orientales piensan que no hay nada al oeste más allá del Tíbet. «El mundo termina allí —afirman—; más allá no hay nada más que un mar sin orillas». Viven en el oriente absoluto.

Al este vamos para comprender la historia y estudiar las obras de arte y la literatura, volviendo sobre los pasos de la raza; al oeste nos dirigimos para adentrarnos en el futuro, con espíritu emprendedor y aventurero. El Atlántico es una corriente del Leteo, al atravesar la cual hemos tenido una oportunidad de olvidar el Viejo Mundo y sus instituciones. Si no triunfamos esta vez, quizá la raza tenga otra oportunidad antes de llegar a las orillas de la Estigia; y esta se encuentra en el Leteo del Pacífico, que es tres veces más ancho.

Ignoro hasta qué punto resulta significativo, o en qué medida supone una prueba de singularidad, el hecho de que un individuo sintonice en su caminata más trivial con el movimiento general de la raza; pero sé que algo similar al instinto migratorio de las aves y los cuadrúpedos —que, en ciertos casos, se sabe que ha afectado a la tribu de las ardillas, impulsándolas a un movimiento general y misterioso, en el que, a decir de algunos, se las vio cruzar los más anchos ríos, cada una sobre su astilla particular, con la cola levantada a modo de vela, y tendiendo puentes con los cadáveres de sus compañeras sobre los arroyos más estrechos—, que algo parecido al *furor* que afecta al ganado doméstico en primavera y que se atribuye a un gusano que tienen en la cola, afecta tanto a las naciones como a los individuos, ya sea de manera perenne, ya de cuando en vez. No grazna sobre nuestra localidad ninguna bandada de gansos salvajes sin que, hasta cierto punto, se desestabilice el valor de los bienes raíces, y si yo fuera un agente inmobiliario, probablemente tendría en cuenta esa perturbación.

Entonces la gente anhela emprender peregrinaciones,
*y los palmeros buscan costas desconocidas.**

* «Than longen folk to gon on pilgrimages, / And palmeres for to seken strange strondes». Versos pertenecientes a la introducción de los *Cuentos de Canterbury* de Geoffrey Chaucer (1343-1400). *(N. del T.).*

Cada puesta de sol que contemplo me infunde el deseo de ir hacia un Occidente tan remoto y tan bello como aquel en el que se oculta el sol. Parece como si cada día migrase hacia el oeste y nos tentara a seguirlo. Él es el gran pionero occidental al que siguen las naciones. Soñamos toda la noche con esas crestas montañosas en el horizonte, aunque pueden ser solo de vapor, que fueron las últimas doradas por sus rayos. La isla de la Atlántida, y las islas y los jardines de las Hespérides, una suerte de paraíso terrenal, parecen haber sido el Gran Oeste de los antiguos, envuelto en misterio y poesía. ¿Quién no ha visto en su imaginación, al contemplar el cielo del atardecer, los jardines de las Hespérides y el fundamento de todas esas fábulas?

Colón sintió la tendencia a ir hacia el oeste con más fuerza que nadie hasta entonces. La obedeció y descubrió un Nuevo Mundo para Castilla y León. El rebaño humano olfateó desde lejos los pastos frescos.

Y ahora el sol se había extendido por todas las colinas,
y ahora había caído en la occidental bahía;
por fin se levantó y torció su capa azul;
*mañana a lozanos bosques y campos siempre nuevos.**

¿En qué lugar del globo cabe hallar un área de igual extensión que la ocupada por el grueso de nuestros estados, tan fértil, rica y variada en su producción, y al mismo

* «And now the sun had stretched out all the hills, / And now was dropped into the western bay; / At last he rose, and twitched his mantle blue; / Tomorrow to fresh woods and pastures new». Últimos versos del poema «Lycidas» de John Milton (1608-1674). *(N. del T.).*

tiempo tan habitable para los europeos? Michaux, que solo conoció una parte de ellos, dice que «las especies de árboles grandes son mucho más numerosas en Norteamérica que en Europa; en Estados Unidos hay más de ciento cuarenta especies que superan los nueve metros de altura; en Francia no hay más que treinta que alcancen ese tamaño». Los botánicos posteriores confirman con creces sus observaciones. Humboldt vino a América para hacer realidad sus sueños juveniles de una vegetación tropical, y la contempló en su máxima perfección en las selvas primitivas del Amazonas, la tierra virgen más gigantesca del planeta, que con tanta elocuencia describió. El geógrafo Guyot, también europeo, llega más lejos, más allá de donde yo estoy dispuesto a seguirlo, aunque no cuando dice: «Al igual que la planta está hecha para el animal, así como el mundo vegetal está hecho para el mundo animal, América está hecha para el hombre del Viejo Mundo [...]. El hombre del Viejo Mundo emprende su camino. Dejando las tierras altas de Asia, desciende de etapa en etapa hacia Europa. Cada uno de sus pasos está marcado por una nueva civilización superior a la precedente, por un mayor poder de desarrollo. Llegado al Atlántico, se detiene a la orilla de este océano desconocido cuyos límites ignora, y vuelve sobre sus huellas por un instante». Cuando ha agotado el fértil suelo de Europa y se ha revitalizado, «reanuda entonces su intrépida marcha hacia el oeste como en los primeros tiempos». Hasta aquí Guyot.

De ese impulso occidental, tras entrar en contacto con la barrera del Atlántico, nacieron el comercio y la empresa de los tiempos modernos. El joven Michaux, en sus *Viajes al oeste de los montes de Allegheny*, de 1802, dice que la pregunta más habitual en el Oeste recién colonizado era: «"¿De qué parte del mundo has venido?", como si estas vastas y fértiles regiones fueran naturalmente el lugar de encuentro y el país común de todos los habitantes del globo».

Por emplear una obsoleta expresión latina, podría decir: *Ex Oriente lux; ex Occidente frux*. De Oriente, la luz; de Occidente, el fruto.

Sir Francis Head, viajero inglés y gobernador general de Canadá, nos dice que «tanto en el hemisferio norte como en el sur del Nuevo Mundo, la naturaleza no solo ha bosquejado sus obras a una escala mayor, sino que también ha pintado el cuadro entero con colores más vivos y más costosos de los que empleó al delinear y embellecer el Viejo Mundo [...]. Los cielos de América parecen infinitamente más altos; el firmamento es más azul; el aire es más fresco; el frío es más intenso; la luna parece más grande; las estrellas son más brillantes; el trueno es más fuerte; la lluvia es más copiosa; las montañas son más elevadas; los ríos, más largos; los bosques, más extensos; las llanuras, más vastas». Esta descripción bastará al menos para contrarrestar la crónica de Buffon de esta parte del mundo y sus producciones.

Linneo dijo hace mucho tiempo: «*Nescio quae facies laeta, glabra plantis Americanis*» («Ignoro qué hay de gozoso y suave en el aspecto de las plantas americanas»); y creo que en este país no hay, o a lo sumo hay muy pocas, *Africanae bestiae* —bestias africanas, como las llamaban los romanos—, y que en este aspecto también está peculiarmente equipado para el asentamiento humano. Según se dice, en un radio de cinco kilómetros desde el centro de la ciudad de Singapur, en el este de la India, algunos de los habitantes son presa de los tigres; en cambio, el viajero puede tumbarse de noche en los bosques casi en cualquier parte de Norteamérica sin temor a las bestias salvajes.

Estos testimonios son alentadores. Si la luna parece más grande aquí que en Europa, probablemente el sol también parezca mayor. Si los cielos de América parecen infinitamente más elevados y las estrellas más brillantes, confío en que estos hechos sean símbolos de la altura a la que la filosofía, la poesía y la religión de sus habitantes puedan elevarse algún día. A la postre, tal vez el cielo inmaterial le aparezca mucho más alto al espíritu americano, y mucho más brillantes los indicios que lo siembran de estrellas. Y es que creo que el clima actúa de esta guisa sobre el hombre, al igual que hay algo en el aire de las montañas que alimenta el espíritu e inspira. ¿No alcanzará acaso el hombre una mayor perfección intelectual, además de física, bajo esas influencias? ¿O resulta irrelevante cuántos días de niebla haya en su vida? Confío en que seremos más imaginativos, en que nuestros pensamientos serán más claros, más frescos y más etéreos, como nuestro cielo; nuestro entendimiento más amplio y completo, como nuestras planicies; nuestro intelecto tenderá a ascender a una escala mayor, como nuestros truenos y relámpagos, nuestros ríos, montañas y bosques, y nuestros corazones corresponderán incluso en anchura, profundidad y grandeza a nuestros mares interiores. Quizá el viajero perciba algo, que no sepa qué es, de *laeta* y *glabra,* de gozoso y sereno, en nuestros propios rostros. Si no, ¿con qué fin se mueve el mundo y por qué se descubrió América?

Apenas necesito decirles a los americanos:

*Hacia el oeste la estrella del imperio sigue su camino.**

Como un verdadero patriota, debería avergonzarme al pensar que Adán en el paraíso gozaba de una situación más favorable en conjunto que el rústico en este país.

Nuestras simpatías en Massachusetts no están confinadas a Nueva Inglaterra; aunque podamos estar alejados del sur, simpatizamos con el oeste. Allí está el hogar de nuestros hijos menores; al igual que los escandinavos, se hicieron a la mar en busca de su herencia. Es demasiado tarde para andar estudiando hebreo; es más importante entender la jerga de hoy en día.

Hace unos meses fui a ver un panorama del Rin. Era como un sueño medieval. Floté por su corriente histórica en algo más que la imaginación, bajo puentes construidos por los romanos y reparados por héroes posteriores, por ciudades y castillos cuyos propios nombres eran música para mis oídos, y cada uno de los cuales era el tema de una leyenda. Ahí estaban Ehrenbreitstein y Rolandseck y Coblenza, que solo conocía por la historia. Eran ruinas que me interesaban especialmente. De sus aguas y sus colinas y valles cubiertos de viñedos parecía venir una música callada como de cruzados que partieran hacia Tierra Santa. Flotaba yo bajo el hechizo del encantamiento, como si hubiera sido transportado a una era heroica y respirase una atmósfera de caballería.

Poco después fui a ver una panorámica del Misisipi, y mientras remontaba el río a la luz del presente, veía los

* «Westward the star of empire takes its way». Verso final del poema «On the Prospect of Planting Arts and Learning in America», del filósofo irlandés George Berkeley (1685-1753). *(N. del T.).*

barcos de vapor que cargaban madera, contaba las ciudades emergentes, examinaba las ruinas recientes de Nauvoo, contemplaba a los indios que se desplazaban hacia el oeste por la corriente y, al igual que antes el Mosela, ahora observaba el Ohio y el Misuri, y escuchaba las leyendas de Dubuque y del acantilado de Winona, todavía pensando más en el futuro que en el pasado o el presente. Veía que esa era una corriente del Rin de un tipo diferente; que los cimientos de los castillos estaban todavía por echar y aún quedaba para tender los famosos puentes sobre el río; y sentí que, aunque no lo sepamos, *esa era la auténtica época heroica,* pues el héroe suele ser el más simple y oscuro de los hombres.

El Oeste del que hablo no es sino otro nombre de lo salvaje; y adonde quería ir a parar es a que la naturaleza salvaje es la preservación del mundo. Cada árbol lanza sus fibras en busca de lo salvaje. Las ciudades lo importan a cualquier precio. Los hombres aran la tierra y surcan el mar para encontrarlo. De los bosques y las zonas silvestres llegan los tónicos y las cortezas que fortalecen al género humano. Nuestros antepasados eran salvajes. La historia de Rómulo y Remo amamantados por una loba no es una fábula insignificante. Los fundadores de todos los Estados que han logrado eminencia han obtenido su alimento y su vigor de una fuente salvaje similar. Por no haber sido amamantados por la loba, los hijos del imperio fueron conquistados y desplazados por los hijos de los bosques septentrionales que sí lo fueron.

Yo creo en el bosque, en la pradera y en la noche en la que crece el maíz. Necesitamos una infusión de abeto oriental, pícea o *arbor vitae* [árbol de la vida] en nuestro té. Existe una diferencia entre comer y beber para tener fuerza o por mera glotonería. Los hotentotes devoran con avidez la médula cruda del kudú y de otros antílopes como algo natural. Algunos de nuestros indios del norte comen cruda la médula del reno ártico, así como otras varias partes, incluidas las puntas de las cornamentas mientras estén tiernas. Y en esto quizá lleven la delantera a los cocineros de París. Aprovechan lo que suele servir para alimentar el fuego. Probablemente esto sea mejor para el hombre que la ternera engordada en establo y el cerdo de matadero. Dadme una naturaleza salvaje cuya vista no pueda soportar ninguna civilización; como si viviéramos de la médula de los kudús devorada cruda.

Hay algunos intervalos, adonde llegan los compases del zorzal del bosque, a los que yo emigraría; tierras salvajes no ocupadas por ningún colono y a las que creo estar ya aclimatado.

El cazador africano Cumming me cuenta que la piel del eland, así como la de la mayoría de los demás antílopes recién abatidos, emana el más delicioso perfume a árboles y a hierba. Desearía que cada hombre se asemejase tanto a un antílope salvaje, fuera en tal grado parte integrante de la naturaleza, que su propia persona advirtiera a nuestros sentidos de su presencia y nos recordara aquellas partes de la naturaleza que más frecuenta. No pretendo ser satírico ni siquiera cuando el abrigo del trampero emite el hedor del ratón almizclero; a mí me resulta un aroma más dulce que el que suelen exhalar las prendas del comerciante o del erudito. Cuando entro en sus guardarropas y palpo sus vestiduras, estas no me recuerdan ninguna llanura cubierta de hierba ni pradera florida que hayan frecuentado, sino más bien las lonjas polvorientas de los mercaderes y las bibliotecas.

Una piel bronceada es algo más que respetable, y quizá el oliváceo sea un color más apropiado que el blanco para un hombre: un habitante de los bosques. «¡El pálido hombre blanco!». No me extraña que el africano se apiadara de él. El naturalista Darwin dice: «Un hombre blanco bañándose junto a un tahitiano era como una planta decolorada por el arte del jardinero comparada con otra hermosa de color verde oscuro, que crezca vigorosamente en campo abierto».

Ben Jonson exclama:

*¡Cuán próximo a lo bueno está lo bello!**

Del mismo modo, yo diría:

¡Cuán próximo a lo bueno está lo salvaje!

La vida concuerda con la naturaleza salvaje. Lo más vivo es lo más salvaje. No sometido todavía al hombre, su presencia revitaliza a este. Quien avanza incesantemente y jamás descansa de sus labores, quien crece deprisa y hace infinitas exigencias a la vida, se descubrirá siempre en un nuevo país o en una nueva tierra salvaje y rodeado por la materia prima de la vida. Trepará sobre los troncos abatidos de los árboles de bosques primitivos.

La esperanza y el futuro no están para mí en los jardi-

* «How near to good is what is fair!», del poema «Love Freed from Ignorance and Folly», del poeta y dramaturgo inglés Ben Jonson (1572-1637). *(N. del T.)*.

nes ni en los campos cultivados, en los pueblos ni las ciudades, sino en los pantanos impenetrables y temblorosos. Cuando en el pasado he analizado mi predilección por alguna granja que me había planteado adquirir, con frecuencia he descubierto que me sentía atraído tan solo por unas pocas varas cuadradas de ciénaga impermeable e insondable, un sumidero natural en una de sus esquinas. Esa era la joya que me deslumbraba. Obtengo más sustento de los pantanos que rodean mi localidad natal que de los jardines cultivados del pueblo. No hay parterres más ricos a mis ojos que los densos lechos de andrómeda enana (*Cassandra calyculata*) que cubren estos amables rincones de la superficie de la tierra. La botánica no puede ir más allá de decirme los nombres de los arbustos que allí crecen (el arándano azul, la andrómeda paniculada, el laurel de oveja, la azalea y el rododendro), erguidos todos ellos en el musgo. A menudo pienso que me gustaría que la fachada de mi casa diera a esa masa de arbustos de color rojo pálido, olvidando otras jardineras y arriates de flores, la pícea trasplantada y el boj podado, incluso los senderos de grava, para tener esa fértil parcela bajo mis ventanas, y no unas cuantas carretadas de tierra traída tan solo para cubrir la arena sacada al excavar el sótano. ¿Por qué no ubicar mi casa, mi salón, detrás de ese terreno, en lugar de detrás de esa exigua colección de curiosidades, ese triste remedo de naturaleza y arte que llamo mi jardín delantero? Supone un esfuerzo limpiarlo y adecentarlo una vez que se marchan el carpintero y el albañil, si bien se hace tanto para el transeúnte como para el morador de la casa. La más elegante cerca de jardín delantero nunca ha sido para mí un agradable objeto de estudio; los más elaborados ornamentos, los remates en forma de bellota o lo que fuere no tardan en cansarme y hastiarme. Lleva, pues, tus alféizares hasta el borde mismo del pantano (aunque puede no ser el mejor sitio para un sótano seco) para que los ciudadanos no tengan acceso por ese lado. Los jardines delanteros no están hechos para entrar, sino a lo sumo para atravesarlos, y siempre se puede entrar por la puerta de atrás.

Sí, aunque pueda parecer perverso por mi parte, se me ofreciera habitar en las inmediaciones del más bello jardín jamás creado por el arte humano, o bien de una lúgubre ciénaga, me decidiría desde luego por la ciénaga. ¡Cuán vanos han sido todos vuestros esfuerzos conmigo, ciudadanos!

Mi espíritu se eleva infaliblemente en proporción a la desolación exterior. ¡Dadme el océano, el desierto o la selva! En el desierto, el aire puro y la soledad compensan la falta de humedad y fertilidad. El viajero Burton dice de él: «Tu *moral* mejora; te vuelves franco y cordial, hospitalario y resuelto [...]. En el desierto, los licores espirituosos solo provocan repugnancia. La mera existencia animal produce un intenso disfrute». Quienes llevan mucho tiempo viajando por las estepas de Tartaria dicen: «Al volver a entrar en las tierras cultivadas, la agitación, la perplejidad y la confusión de la civilización nos oprimían y nos sofocaban; era como si nos faltara el aire y nos sentíamos a punto de morir de asfixia». Cuando deseo solazarme, busco el bosque más oscuro, el pantano más denso, interminable y, para el ciudadano, más lúgubre. Entro en una ciénaga como en un lugar sagrado, un sanctasanctórum. Ahí radica la fuerza, la médula de la naturaleza. El bosque silvestre cubre el mantillo virgen, y la misma tierra es buena para hombres y árboles. La salud de un hombre requiere tantos acres de prados a su vista como cargas de estiércol su granja. Ahí están las carnes fuertes de las que se alimenta. A la salvación de una ciudad contribuyen tanto los bosques y pantanos que la rodean como los hombres justos que la habitan. Un municipio en el que un bosque primitivo ondea encima mientras otro se pudre debajo es apto para producir no solo maíz y patatas, sino también poetas y filósofos para los tiempos venideros. En una tierra semejante crecieron Homero, Confucio y los demás, y de tal naturaleza salvaje llega el reformador que se alimenta de langostas y miel silvestre.

La preservación de los animales salvajes implica por lo general la creación de un bosque donde puedan vivir o al que puedan recurrir. Lo mismo sucede con el hombre. Un centenar de años atrás, en nuestras calles se vendía corteza pelada de nuestros propios bosques. En el propio aspecto de aquellos árboles primitivos y robustos residía, a mi parecer, un principio curtiente que endurecía y consolidaba las fibras de los pensamientos de los hombres. ¡Ay! Me estremezco ya por estos días comparativamente degenerados de mi pueblo natal, en los que no se puede recoger un cargamento de corteza de buen grosor y ya no producimos brea ni trementina.

Las naciones civilizadas (Grecia, Roma, Inglaterra) han sido sostenidas por los bosques primitivos que se pudrían antiguamente donde ellas se erigen. Sobreviven en tanto en cuanto el suelo no se agote. ¡Pobre de la cultura humana! Poco cabe esperar de una nación cuando el mantillo vegetal se agota y se ve obligada a fabricar abono con los huesos de sus padres. Allí el poeta se sustenta solo con su propia grasa superflua y el filósofo queda reducido a la médula de sus huesos.

Se dice que la tarea del americano es «trabajar el suelo virgen», y que «aquí la agricultura asume ya proporciones desconocidas en ningún otro lugar». Creo que el granjero desplaza incluso al indio porque redime la pradera, haciéndose de ese modo más fuerte y, en ciertos sentidos, más natural. El otro día andaba yo midiendo para un hombre una sola línea recta de ciento treinta y dos varas de largo, a través de una ciénaga a cuya entrada podrían haber estado escritas las palabras que Dante leyó sobre la entrada a las regiones infernales: «Abandonad toda esperanza quienes aquí entráis»; es decir, abandonad toda esperanza de salir de nuevo. Allí vi en cierta ocasión a mi patrón con el agua literalmente hasta el cuello y nadando para salvar la vida en su propiedad, pese a ser todavía invierno. Tenía aquel hombre otro marjal similar que fui incapaz de medir, pues se hallaba completamente bajo el agua, y no obstante, a propósito de un tercer marjal, que logré medir a distancia, me comentó, fiel a sus instintos, que no se desharía de él bajo ningún concepto, por causa del lodo que contenía. Y ese hombre pretende ceñirlo con una zanja en un plazo de cuarenta meses, y redimirlo así con la magia de su pala. Y lo menciono solo como un representante de su clase.

Las armas con las que hemos logrado nuestras más importantes victorias, que deberían ser legadas como reliquias de familia de padre a hijo, no son la espada y la lanza, sino el machete, la guadaña, la pala y la azada de pantano, herrumbrosas con la sangre de muchas praderas, y sucias del polvo de numerosos campos arduamente peleados. Los propios vientos aventaron el maizal del indio hacia la pradera y señalaron el camino que este no tuvo habilidad para seguir. No tuvo mejor instrumento con el que atrincherarse en la tierra que una concha. Pero el granjero está pertrechado con arado y pala.

En la literatura, solo nos atrae lo salvaje. Monotonía es solo otro nombre para la docilidad. Lo que nos causa deleite es el pensamiento libre, salvaje e incivilizado, de *Hamlet* y la *Ilíada*, de todas las Escrituras y las mitologías, que no se aprende en la escuela. Al igual que el pato salvaje es más veloz y bello que el doméstico, también lo es el pensamiento salvaje, ánade real que se eleva sobre los pantanos aleteando en medio del rocío. Un libro verdaderamente bueno es algo tan natural, y tan inesperada e incomprensiblemente bello y perfecto, como una flor silvestre descubierta en las praderas del oeste o en las selvas del este. El genio es una luz que torna visible la oscuridad, como el resplandor del relámpago, que tal vez destruya el propio templo del conocimiento, y no una vela encendida en el hogar de la raza, que palidece ante la luz del día.

La literatura inglesa, desde los tiempos de los juglares hasta los poetas lakistas (incluidos Chaucer, Spenser, Milton e incluso Shakespeare), no respira un aire muy fresco y, en este sentido, salvaje. Es una literatura esencialmente doméstica y civilizada, reflejo de Grecia y de Roma. Su naturaleza salvaje es una floresta, y su hombre silvestre, un Robin Hood. Rebosa de amor cordial a la naturaleza, pero no abunda tanto la naturaleza misma. Sus crónicas nos informan de cuándo se extinguieron en ella los animales salvajes, pero no el hombre silvestre.

Una cosa es la ciencia de Humboldt y otra la poesía. El poeta actual, pese a todos los descubrimientos de la ciencia y los aprendizajes acumulados por el género humano, en nada aventaja a Homero.

¿Dónde está la literatura que da expresión a la naturaleza? Sería poeta quien pudiera poner los vientos y las corrientes a su servicio para que hablaran por él; quien clavara las palabras a sus sentidos primitivos, como los granjeros hincan en primavera las estacas arrancadas por las heladas; quien derivara sus palabras tan a menudo como las empleara y las trasplantase a su página con la tierra adherida a sus raíces; cuyas palabras fueran tan verdaderas, frescas y naturales que parecieran expandirse como los capullos al aproximarse la primavera, aunque hubiesen permanecido medio asfixiadas entre dos hojas mohosas en una biblioteca; sí, para florecer y dar fruto allí anualmente, conforme a su especie, para el lector fiel, en sintonía con la naturaleza circundante.

No soy capaz de citar ninguna poesía que exprese de modo adecuado este anhelo de lo salvaje. Abordada desde esta perspectiva, la mejor poesía es anodina. No sé dónde hallar en alguna literatura, antigua o moderna, alguna descripción que me satisfaga de esa naturaleza con la que incluso yo estoy familiarizado. Os percataréis de que estoy pidiendo algo que ninguna época neoclásica ni isabelina, que en realidad ninguna *cultura*, puede ofrecer. La mitología es la que más se acerca a ello. ¡Cuánto más fértil es al menos la naturaleza en la que hunde sus raíces la mitología griega que la literatura inglesa! La mitología es la cosecha que produjo el Viejo Mundo antes de que su suelo se agotase, antes de que la fantasía y la imaginación cayeran en desgracia; y que todavía produce allí donde su prístino vigor se mantiene incólume. Todas las demás literaturas perduran solo como los olmos que dan sombra a nuestras casas; pero esta es como el gran drago de las islas occidentales, tan vieja como la humanidad, y perdurará tanto como ella. Y es que la descomposición de otras literaturas abona el suelo en que esta prospera.

El Occidente se está preparando para añadir sus fábulas a las del Oriente. Una vez que los valles del Ganges, el Nilo y el Rin han producido sus cosechas, falta por ver qué producirán los valles del Amazonas, el Río de la Plata, el Orinoco, el San Lorenzo y el Misisipi. Tal vez cuando, en el transcurso de los siglos, la libertad americana se haya convertido en una ficción del pasado —como es en cierta medida una ficción del presente—, los poetas del mundo se inspiren en la mitología americana.

Ni siquiera los sueños más extravagantes de los hombres salvajes son menos verdaderos, aunque no puedan encomendarse al sentido más común entre los ingleses y los americanos actuales. No todas las verdades se compadecen con el sentido común. La naturaleza tiene un lugar para la clemátide silvestre al igual que para la col. Ciertas expresiones de la verdad son reminiscentes; otras, meramente *sensatas*, como suele decirse; otras, proféticas. Incluso algunas formas de enfermedad pueden profetizar formas de salud. El geólogo ha descubierto que las figuras de serpientes, grifos, dragones voladores y otros fantasiosos adornos de la heráldica tienen sus prototipos en las formas de especies fósiles que se extinguieron antes de la creación del hombre, por lo que «indican un conocimiento vago y difuso de un estado anterior de la existencia orgánica». Los hindúes soñaron que la tierra estaba apoyada sobre un elefante, y el elefante sobre una tortuga, y la tortuga sobre una serpiente; y aunque pueda tratarse de una coincidencia sin importancia, no estará fuera de lugar aquí declarar que recientemente se ha descubierto en Asia una tortuga fósil lo bastante grande como para soportar a un elefante. Confieso mi debilidad por estas extravagantes fantasías, que trascienden el orden del tiempo y la evolución. Constituyen la más sublime recreación del intelecto. A la perdiz le encantan los guisantes, pero no los que la acompañan en la cazuela.

En resumidas cuentas, todas las cosas buenas son salvajes y libres. Unos acordes musicales, ya sean producidos por un instrumento ya por la voz humana —como el sonido de un clarín en una noche de verano, por ejemplo—, poseen algo que, por su salvajismo, y lo digo sin sarcasmo, me recuerda los gritos emitidos por las bestias salvajes en sus bosques nativos. Hasta donde alcanza mi entendimiento, resuena en ellos la naturaleza. Dadme como amigos y vecinos a hombres salvajes, no domesticados. La bravura del salvaje no es sino un tenue símbolo de la terrible ferocidad con la que se encuentran los hombres buenos y los amantes.

Me encanta incluso ver cómo reafirman sus derechos innatos los animales domésticos; cualquier prueba de que no han perdido del todo su vigor y sus hábitos salvajes originales; como cuando la vaca de mi vecino se escapa de su pastura a principios de la primavera y cruza nadando con audacia el río, una corriente fría y gris de veinticinco o treinta varas de ancho, crecida por la nieve derretida. Es el búfalo atravesando el Misisipi. Esa proeza confiere una cierta dignidad ante mis ojos al ya dignificado rebaño. Las semillas del instinto se conservan bajo los gruesos cueros del ganado y los caballos, como aquellas en las entrañas de la tierra, durante un periodo indefinido.

Toda jovialidad en el ganado resulta inesperada. Un día vi un hato de una docena de bueyes y vacas que correteaban y retozaban en indomeñable jugueteo, cual ratas enormes o incluso como gatitos. Sacudían la cabeza, levantaban el rabo, subían y bajaban presurosos una colina; y yo percibí por sus cuernos, así como por su actividad, su relación con la tribu de los ciervos. Pero ¡ay!, un súbito *¡so!* habría amortiguado al instante su ardor, los habría reducido de venado a vacuno, y habría agarrotado sus flancos y sus tendones, asemejándolos a una locomotora. ¿Quién sino el maligno ha gritado «¡so!» a la humanidad? De hecho, la vida del ganado, como la de muchos hombres, no es sino una suerte de locomoción; mueven un flanco cada vez, y el hombre, por su maquinaria, se está encontrando a mitad de camino entre el caballo y el buey. Cualquier parte tocada por el látigo queda paralizada en lo sucesivo. ¿A quién se le ocurriría pensar en el *flanco* de cualquier miembro de la flexible tribu felina como hablamos del *flanco* de una vaca?

Celebro que los caballos y los novillos tengan que ser quebrados antes de poder ser reducidos a esclavos de los hombres, y que los propios hombres aún tengan que vivir la vida antes de convertirse en miembros sumisos de la sociedad. Indudablemente, no todos los hombres son sujetos igualmente aptos para la civilización; y dado que la mayoría, como los perros y las ovejas, son mansos por predisposición hereditaria, esto no es motivo para quebrantar la naturaleza de los demás a fin de reducirlos al mismo nivel. Los hombres se parecen en términos generales, pero fueron creados en cantidad para que pudieran ser diversos. Si se trata de realizar una tarea vulgar, un hombre servirá prácticamente tan bien como cualquier otro; si la tarea es elevada, habrá de tenerse en cuenta la excelencia individual. Cualquier hombre puede tapar un agujero pare evitar que entre el viento, pero ningún otro hombre podría desempeñar una tarea tan singular como la realizada por el autor de esta imagen. Dice Confucio: «Las pieles del tigre y del leopardo, cuando están curtidas, son como las pieles del perro y de la oveja». Pero no es función de una verdadera cultura domar tigres, como tampoco lo es hacer feroces a las ovejas; y curtir sus pieles para hacer zapatos no es el mejor uso que cabe hacer de ellos.

Cuando echo un vistazo a una lista de nombres de hombres en un idioma extranjero, como de oficiales militares o de autores que han escrito sobre un tema particular, constato una vez más que no hay nada en un nombre. El nombre Menschikoff, por ejemplo, no tiene a mis oídos nada más humano que un bigote, y podría pertenecer a una rata. Como nos suenan a nosotros los nombres de los polacos y los rusos, así les suenan a ellos los nuestros. Es como si hubieran sido nombrados por el galimatías infantil: *Iery wiery ichery van, tittle-tol-tan.* Veo en mi mente un rebaño de criaturas salvajes que pululan sobre la tierra, y a cada una de las cuales el pastor ha asignado algún sonido bárbaro en su propio dialecto. Los nombres de los hombres son, por supuesto, tan vulgares y carentes de significado como Bose y Tray, nombres de perros.

A mi parecer, redundaría en beneficio de la filosofía que a los hombres se los nombrara en conjunto, tal como se los conoce. Para conocer al individuo, bastaría con saber el género y quizá la raza o la variedad. No estamos preparados para creer que cada soldado raso de un ejército romano tuviera su propio nombre, porque no suponemos que tuviera un carácter propio.

En la actualidad, nuestros únicos nombres auténticos son los apodos. Conocía a un muchacho a quien, por su peculiar energía, sus compañeros de juegos lo llamaban «Buster» [Destructor], apodo que había suplantado legítimamente su nombre de pila. Algunos viajeros nos cuentan que al indio no se le ponía de entrada ningún nombre, sino que debía ganárselo y su nombre era su fama; y en ciertas tribus adquiría un nuevo nombre con cada nueva hazaña. Resulta lamentable que un hombre lleve un nombre por mera conveniencia, sin haberse ganado ni el nombre ni la fama.

No permitiré que los meros nombres me impongan distinciones, sino que continuaré viendo a los hombres en rebaños. Un nombre familiar no puede hacer que un hombre se me antoje menos extraño. Se le puede dar a un salvaje que conserve en secreto su propio título ganado en los bosques. Llevamos dentro un salvaje embravecido y quizá un nombre salvaje esté registrado en alguna parte como nuestro. Veo que mi vecino, que ostenta el epíteto familiar de William o Edwin, se lo quita con su chaqueta. No se adhiere a él cuando duerme o se enfurece, o cuando se enardece por alguna pasión o inspiración.

En tales momentos me parece escuchar su nombre salvaje original, pronunciado por alguno de sus parientes, ya sea en un trabalenguas ya en una lengua melodiosa.

He aquí por doquier esta vasta, salvaje y clamorosa madre nuestra, la naturaleza, con tamaña belleza y con tanto afecto por sus hijos como el leopardo; y, sin embargo, se nos desteta muy pronto de su pecho para incorporarnos a la sociedad, a esa cultura que es exclusivamente una interacción del hombre con el hombre, una suerte de crianza endogámica, que produce a lo sumo una nobleza meramente inglesa, una civilización abocada a un pronto final.

En la sociedad, en las mejores instituciones humanas, es fácil detectar una cierta precocidad. Cuando aún deberíamos ser niños en edad de crecimiento, somos ya hombrecitos. ¡Dadme una cultura que traiga mucho estiércol de las praderas y profundice el suelo, no una que se encomiende solamente a los abonos compostados y a la mejora de los aperos y modos de cultivo!

Muchos pobres estudiantes con la vista cansada de los que he oído hablar crecerían más deprisa, tanto intelectual como físicamente, si, en vez de permanecer despiertos hasta tan tarde, durmieran a pierna suelta el tiempo suficiente.

Puede que haya incluso un exceso de luz informativa. Niepce, un francés, descubrió el actinismo, esa facultad que poseen los rayos solares de producir un efecto químico; que las rocas de granito, las estructuras pétreas y las estatuas metálicas «sufren por igual la acción destructiva durante las horas de sol y, de no ser por las provisiones de la naturaleza no menos maravillosas, no tardarían en perecer al delicado contacto con el más sutil de los agentes del universo». Pero observó que «esos cuerpos que experimentaban ese cambio durante el día poseían el poder de restaurar por sí mismos sus condiciones originales durante las horas nocturnas, cuando dejaba de afectarles esa excitación». De ahí la inferencia de que «las horas de oscuridad son tan necesarias para la creación inorgánica como sabemos que lo son la noche y el sueño para el reino orgánico». Ni siquiera brilla la luna toda la noche, sino que cede el paso a la oscuridad.

Yo no cultivaría a todo hombre, ni toda parte del hombre, más de lo que cultivaría todo acre de tierra: parte se destinará a la labranza, pero la mayor parte serán praderas y bosques, que no solo servirán para un uso inmediato, sino que prepararán un mantillo con vista a un futuro remoto, mediante la descomposición anual de la vegetación que sustenta.

El niño puede aprender otras letras distintas de las inventadas por Cadmo. Los españoles cuentan con un buen término para expresar este conocimiento silvestre y oscuro: *gramática parda*, una suerte de inteligencia natural proveniente del mismo leopardo al que antes me he referido.

Hemos oído hablar de una Sociedad para la Difusión de los Conocimientos Útiles. Se dice que el conocimiento es poder y cosas por el estilo. A mi parecer, existe la misma necesidad de una Sociedad para la Difusión de la Ignorancia Útil, a la que llamaremos Conocimiento Bello, un conocimiento útil en un sentido más elevado. Pues ¿qué son la mayoría de los presuntos conocimientos de los que nos jactamos, sino una presunción de que sabemos algo, que nos priva de la ventaja de nuestra auténtica ignorancia?

Lo que llamamos conocimiento es con frecuencia nuestra ignorancia positiva; la ignorancia, nuestro conocimiento negativo. Mediante largos años de paciente industria y lectura de los periódicos —¿pues qué son las bibliotecas de ciencias sino archivos de periódicos?—, un hombre acumula una infinidad de hechos, los almacena en su memoria y entonces, cuando en alguna primavera de su vida sale a deambular por los grandes campos del pensamiento, va a pastar como un caballo, por así decirlo, y deja atrás todos sus arreos en el establo. Algunas veces le diría a la Sociedad para la Difusión de los Conocimientos Útiles: ve a pastar. Ya has comido suficiente heno. Ha llegado la primavera con su verde cosecha. A las propias vacas las llevan a sus pastos antes de finales de mayo; aunque he oído hablar de un granjero antinatural que mantenía encerrada a su vaca todo el año en el establo y la alimentaba con heno. Así trata con frecuencia a su ganado la Sociedad para la Difusión de los Conocimientos Útiles.

A veces, la ignorancia de un hombre no solo es útil, sino también bella, mientras que sus presuntos conocimientos son con frecuencia más que inútiles, amén de ser feos. ¿Cuál es el mejor hombre con el que tratar: aquel que no sabe nada sobre un tema y, lo que resulta extremadamente raro, sabe que no sabe nada, o aquel que realmente sabe algo al respecto, pero cree que lo sabe todo?

Mi deseo de conocimiento es intermitente, pero mi deseo de bañar mi cabeza en atmósferas desconocidas para mis pies es perenne y constante. Lo más elevado que podemos alcanzar no es el conocimiento, sino la empatía con inteligencia. No me consta que ese conocimiento superior equivalga a algo más definido que un asombro novedoso y magnífico causado por una súbita revelación de la insuficiencia de todo cuanto solíamos denominar conocimiento; un descubrimiento de que existen más cosas en el cielo y en la tierra de las soñadas en nuestra filosofía. Es la iluminación de la niebla por el sol. El hombre no puede *conocer* en ningún sentido más elevado que este, como tampoco puede mirar de frente al sol con serenidad e impunidad: «*Ὡς τὶ νοῶν, οὐ κεῖνον νοήσεις*», «No lo percibirás como se percibe una cosa en particular», dicen los oráculos caldeos.

Hay algo servil en el hábito de buscar una ley que podamos obedecer. Podemos estudiar las leyes de la materia a nuestra conveniencia, pero una vida exitosa no conoce ley alguna. Es ciertamente desafortunado el descubrimiento de una ley que nos obligue donde antes no sabíamos que estábamos obligados. Vive libre, hijo de la niebla; y con respecto al conocimiento, todos somos hijos de la niebla. El hombre que se toma la libertad de vivir es superior a todas las leyes, en virtud de su relación con el legislador. «Es deber activo —dice el *Visnú Purana*— aquel que no es para nuestra servidumbre; es conocimiento aquello que sirve para nuestra liberación; todo otro deber es bueno solo para el cansancio; todo otro conocimiento es tan solo el ingenio del artista».

Resulta notable qué pocos acontecimientos o crisis hay en nuestras historias, qué poco hemos ejercitado nuestras mentes, qué pocas experiencias hemos tenido. Me gustaría tener la certeza de que crezco a buen ritmo y con exuberancia, aunque mi crecimiento perturbe esa insulsa ecuanimidad; aunque sea a costa de luchar durante largas noches oscuras y bochornosas o épocas sombrías. Estaría bien que todas nuestras vidas fueran incluso una divina tragedia, en lugar de esta comedia o farsa trivial. Dante, Bunyan y otros parecen haber ejercitado sus mentes más que nosotros: se sometieron a una clase de cultura que nuestras escuelas y universidades no contemplan. Hasta Mahoma, aunque muchos puedan poner el grito en el cielo al oír su nombre, tenía mucho más por lo que vivir y por lo que morir que lo que estos suelen tener.

Cuando, en raras ocasiones, nos visita algún pensamiento, tal vez mientras caminamos por una vía férrea, los vagones pasan en efecto sin que los oigamos. Pero pronto, en virtud de alguna ley inexorable, nuestra vida pasa y los vagones regresan.

Gentil brisa, que invisible vagas,
y doblas los cardos a orillas del tormentoso Loira,
nómada de los ventosos valles,
*¿por qué has abandonado tan pronto mi oído?**

Mientras que casi todos los hombres sienten la atracción de la sociedad, son pocos los que se sienten atraídos por la naturaleza. En su reacción a la naturaleza, la mayoría de los hombres se me antojan, a pesar de sus artes, inferiores a los animales. No es a menudo una bella relación, como en el caso de los animales. ¡Qué poco solemos apreciar la belleza del paisaje! Hemos de recordar

* Versos del poema «Ca-Loden», atribuido al bardo celta Ossian III y publicado por James MacPherson (1736-1796). *(N. del T.).*

que los griegos designaban el mundo como *Κόσμος*, belleza u orden, pero no entendemos con claridad por qué lo hacían y lo consideramos a lo sumo un mero dato filológico curioso.

Por mi parte, siento que con respecto a la naturaleza vivo una suerte de vida fronteriza, en los confines de un mundo en el que solo hago incursiones ocasionales y efímeras; y mi patriotismo y mi lealtad al estado, en cuyos territorios parezco retirarme, son los de un bandolero. Hasta a un fuego fatuo seguiría de buen grado a través de inimaginables ciénagas y lodazales hacia una vida que quepa llamar natural, pero ninguna luna ni luciérnaga me ha mostrado la calzada hacia ella. La naturaleza es una personalidad tan vasta y universal que jamás hemos visto ninguno de sus rasgos. El caminante por los campos familiares que rodean mi localidad natal se encuentra a veces en una tierra distinta de la descrita en las escrituras de sus dueños, como si estuviera en algún campo remoto en los confines del Concord real, donde cesa su jurisdicción y deja de sugerirse la idea que evoca la palabra *Concord* [concordia]. Esas granjas que yo mismo he medido, esos límites que yo he establecido, se entrevén vagamente inmóviles como a través de la niebla; pero no hay química que los fije; se desvanecen de la superficie del cristal, y el cuadro pintado por el artista surge tenuemente por debajo. El mundo con el que solemos estar familiarizados no deja rastro alguno y no tendrá ningún aniversario.

La otra tarde di una caminata por la granja de Spaulding. Veía el sol poniente que iluminaba el lado opuesto de un pinar majestuoso. Sus rayos dorados se dispersaban por los corredores del bosque como por un salón noble.

Me sentí impresionado, como si alguna antigua familia totalmente admirable y deslumbrante se hubiera establecido allí, en ese territorio llamado Concord, desconocido para mí, con el sol como sirviente, sin haberse presentado en sociedad en el pueblo y sin recibir visitas. Contemplé su parque, su área recreativa, más allá del bosque, en la pradera de arándanos de Spaulding. Los pinos les servían de techumbre a medida que crecían. Su casa, atravesada por los árboles, no era evidente a la vista. No sé si escuché o no los sonidos de una hilaridad contenida. Parecían recostarse sobre los rayos de sol. Tienen hijos e hijas. Gozan de buena salud. El camino de carros del granjero, que pasa directamente por su salón, no los incomoda lo más mínimo, como el fondo fangoso de un estanque se ve a veces a través de los cielos reflejados. Ellos nunca han oído hablar de Spaulding ni saben que es su vecino; sin embargo, yo le he oído silbar mientras conducía su yunta a través de la casa. Nada puede igualar la serenidad de sus vidas. Su escudo de armas es simplemente un liquen. Lo he visto pintado en los pinos y los robles. Sus desvanes estaban en las copas de los árboles. La política les es ajena. No sonaban ruidos de trabajo. No percibí que estuvieran tejiendo o hilando. Sí detecté, sin embargo, cuando el viento se calmó y se podía oír a lo lejos el dulce murmullo musical más agradable que quepa imaginar, como de una colmena distante en mayo, que tal vez fuera el sonido de sus pensamientos. No tenían ideas ociosas y nadie de fuera podía ver sus obras, pues no revestían sus labores de nudos y excrecencias.

Pero me cuesta recordarlos. Se esfuman de modo irrevocable de mi mente incluso ahora mientras hablo, y me esfuerzo por evocarlos y por recordarme a mí mismo. Solo tras un largo y serio esfuerzo por rememorar mis mejores pensamientos volví a cobrar conciencia de su cohabitación. De no ser por familias como esa, creo que me mudaría de Concord.

En Nueva Inglaterra estamos acostumbrados a decir que cada año nos visitan menos palomas. Nuestros bosques no les proporcionan refugio. Diríase que, del mismo modo, cada vez son menos los pensamientos que visitan a cada hombre en crecimiento de un año a otro, pues la arboleda de nuestra mente está devastada (vendida para alimentar innecesarios fuegos de ambición o enviada al aserradero), y apenas quedan ramitas en las que posarse. Ya no construyen ni crían con nosotros. Quizá, en alguna estación más amable, una sombra tenue revolotee por el paisaje de la mente, proyectada por las *alas* de algún pensamiento en su migración primaveral u otoñal, pero, al alzar la vista, somos incapaces de detectar la sustancia del propio pensamiento. Nuestras ideas aladas se han convertido en aves de corral. Ya no remontan el vuelo, y solo alcanzan la grandeza de las aves de Shanghái o la Cochinchina. ¡Esos *graaandes pensamientos*, esos *graaandes hombres* de los que oímos hablar!

Abrazamos la tierra, ¡qué pocas veces ascendemos! A mi parecer, podríamos elevarnos un poco más. Al menos podríamos trepar a un árbol. Yo puedo presumir de haber trepado a uno en cierta ocasión. Era un pino blanco y alto, en la cima de una colina. Y aunque me llené de resina, tuve mi recompensa, ya que descubrí nuevas montañas en el horizonte que jamás había visto hasta entonces, y vi mucho más de la tierra y los cielos. Podría haber pasado setenta años caminando junto al pie del árbol y seguro que nunca los habría visto. Pero, sobre todo, descubrí a mi alrededor —estábamos casi a finales de junio—, tan solo en los extremos de las ramas más altas, unos pocos diminutos y delicados brotes rojos en forma de cono, la flor fértil del pino blanco que miraba hacia el cielo. Llevé enseguida al pueblo la punta más alta y se la enseñé a los forasteros miembros del jurado (pues era semana de juicios) y a los granjeros, madereros, leñadores y cazadores, y ninguno había visto jamás nada semejante, y se maravillaban como si hubieran visto una estrella caída del cielo. ¡Y dicen de los antiguos arquitectos que remataban sus obras en lo alto de las columnas con tanta perfección como en las partes inferiores y más visibles! Desde el principio, la naturaleza ha extendido los diminutos brotes del bosque solo hacia los cielos, por encima de las cabezas de los hombres e imperceptibles para ellos. Solo vemos las flores que están bajo nuestros pies en las praderas. Los pinos han desarrollado sus delicados capullos en las ramitas más altas del bosque todos los veranos durante siglos, sobre las cabezas tanto de los hijos rojos de la naturaleza como de los blancos. Sin embargo, casi ningún granjero ni cazador de estas tierras los ha visto jamás.

Ante todo, no podemos permitirnos no vivir en el presente. Bendito entre todos los mortales aquel que no pierde ni un instante de su pasajera vida recordando el pasado. Nuestra filosofía estará desfasada a menos que escuche cantar al gallo en todos los corrales de nuestro horizonte. Ese sonido suele recordarnos que nos estamos oxidando y quedando anticuados en nuestras tareas y nuestros hábitos de pensamiento. Su filosofía se reduce a un tiempo más reciente que el nuestro. Sugiere un testamento más nuevo: el evangelio según ese momento. No se ha quedado rezagado; se ha levantado temprano y ha mantenido el ritmo, y estar donde él está es estar en el momento oportuno, en primera fila del tiempo. Es una expresión de la salud y la solidez de la naturaleza, un alarde para el mundo entero; salubridad como la del brote de un manantial, una nueva fuente de las musas con la que celebrar este último instante del tiempo. Allí donde él vive no se promulgan leyes contra esclavos fugitivos. ¿Quién no ha traicionado muchas veces a su amo desde la última vez que escuchó esa nota?

El mérito del canto de este pájaro reside en su libertad de toda melancolía. El cantante puede conmovernos hasta las lágrimas o hasta la risa, pero ¿dónde está aquel capaz de despertar en nosotros un puro goce matutino? Cuando me encuentro con el ánimo por los suelos, y rompiendo la espantosa quietud de nuestra vereda de madera un domingo, o tal vez velando en la casa del duelo, oigo el canto de un gallo cerca o lejos, pienso para mis adentros: «Al menos uno de nosotros está bien», y con una súbita efusión vuelvo a mis sentidos.

Un día del pasado noviembre tuvimos una puesta de sol excepcional. Caminaba yo por un prado donde nacía un pequeño arroyo, cuando por fin el sol, justo antes de ponerse, tras un día frío y gris, llegó a un claro estrato en el horizonte, y la más suave y brillante luz matutina cayó sobre la hierba seca, sobre los troncos de los árboles en el horizonte opuesto y sobre las hojas de los robles arbustivos de la ladera, mientras nuestras sombras se alargaban hacia el este sobre la pradera, como si fuéramos las únicas motas en sus rayos. Era una luz que no podíamos haber imaginado un momento antes, y también el aire era tan cálido y sereno que no faltaba nada para convertir aquella pradera en un paraíso. Cuando reparamos en que aquel no era un fenómeno aislado que nunca se repetiría, sino que sucedería por siempre jamás, un número infinito de atardeceres, y que alegraría y reconfortaría al último niño que caminara por allí, aquello resultó más glorioso todavía.

El sol se pone en alguna pradera retirada donde no se ve ninguna casa, con toda la gloria y el esplendor que prodiga a las ciudades, y acaso como nunca antes se ha puesto; allí donde solo puede dorar las alas de un gavilán de ciénaga o donde solo una rata almizclera se asoma desde su madriguera; donde un arroyuelo con vetas negras en medio del marjal empieza a serpentear, rodeando un tocón en descomposición. Caminábamos bajo una luz tan pura y brillante que doraba la hierba y las hojas marchitas, tan suave y serenamente brillante que pensé que jamás me había bañado en semejante torrente dorado, sin una onda ni un murmullo. El lado occidental de cada bosque y elevación del terreno resplandecía como los confines del Elíseo, y el sol en nuestras espaldas parecía un gentil pastor que nos conducía a casa al atardecer.

Deambulamos, pues, hacia Tierra Santa, hasta que un

día el sol brille más que nunca, brille tal vez dentro de nuestras mentes y nuestros corazones, e ilumine nuestra vida entera con una intensa luz del despertar, tan cálida, serena y dorada como la de una ribera en otoño.

Impreso en España